Michael Uzarewicz
Über Freiheit, Tod und Politik

Für Charlotte

Michael Uzarewicz

Über Freiheit, Tod und Politik

WiderSprüche 1996 - 2006

Herstellung und Verlag: Books on Demand GmbH, Norderstedt

ISBN-10: 3-8334-5469-5
ISBN-13: 978-3-8334-5469-1

Inhalt

I

II

III

IV

V

VI

VII

VIII

IX

X

XI

XII

Ich glaube nichts,
ich hoffe nichts,
ich bin frei. (Katzanzakis)

I

Über Geburt und Kindheit, Alter und Ende

Wenn wir gewusst hätten, was das Leben ist, hätten wir vor der Geburt mehr Angst gehabt als vor dem Tod.

Schon das Neugeborene packt die Ahnung, dass es betrogen wurde – und beginnt zu weinen.

Geboren zu werden ist ein Nachteil, von dem die allermeisten verschont bleiben.

Man könnte neidisch werden, ob all der Ungeborenen.

Wer nicht sterben will, hätte nicht geboren werden sollen. Glücklich die, die nie geboren wurden. Wer nicht geboren wurde, muss auch nicht sterben.

Wer nicht alt werden will, muss früh sterben.

Die Kindheit besitzt deshalb solche Anziehungskraft nicht nur, weil sie unschuldig ist, sondern weil sie Anfang bedeutet und das Ende noch in weiter Ferne liegt. Die Retrospektive suggeriert, dass man noch einmal anfangen könnte; als ein Kind, das im Paradies lebt, weil es (noch) nichts von seinem Ende weiß. Das Ende der Unschuld ist das Wissen um den Tod.

Alt werden heißt, nicht mehr neu anfangen können, weil wir ahnen, dass es nicht mehr zu Ende gebracht werden kann.

Nichts soll sich wiederholen, alles soll dauern.

Wenn du in der Stunde deines Todes auf ein erfülltes Leben zurück blickst, was nutzt es dir dann noch? Ist es vom Ende her betrachtet nicht gleichgültig, was du gemacht hast, weil es nun doch vorbei ist? Nicht einmal deine Zufriedenheit kannst du mit ins Grab nehmen.

„Doch alle Lust will Ewigkeit ...", so heißt es bei Nietzsche. Das Leben ist traurig, weil das Ende traurig ist. Es rundet nicht das Leben ab, macht es zu keinem Ganzen, sondern annulliert es. Keine Chance für ein Noch-einmal. Man sagt, alles habe ein Ende. Aber das Ende ist Jenseits, Nichts, Dunkelheit, Kälte. Es ist nicht mehr Teil des Lebens. Dem Ende heroisch oder stoisch ins Gesicht zu sehen, ist dümmliche Sinnstiftung, die sich selbst nicht glaubt. Warum weinen die Christen am Grabe ihrer Verstorbenen, wenn ihnen das ewige Leben winkt? Wenn der Tod nicht das Ende, sondern der Beginn des ewigen Lebens im Paradies ist, warum lachen sie nicht?

Manche behaupten, das Leben sei eine Komödie – aber niemand lacht ernsthaft darüber. Das Lachen klingt immer gekünstelt, so als wolle man angesichts der Verzweiflung über das Ende Haltung bewahren. Dabei verliert die Haltung, wer lacht. Fast immer gerät dieses „Haltung bewahren" deshalb zur Lächerlichkeit – und ist doch nur Ausdruck der Tragödie.

Nicht zu klagen angesichts des unweigerlichen Endes, ist nicht Ausdruck von Gelassenheit, sondern von Dumpfheit.

Was machen wir anderes als die Zeit tot zu schlagen, bis wir selbst tot sind?

Jede Liebe, jede Zuwendung ist kontaminiert von ihrem bevorstehenden Ende, auf das der Schrecken zu läuft. Das macht ihn so schrecklich.

Erst das Ende zeigt, ob ein Leben gelungen ist – nicht der Anfang.

Wenn unser Leben zu Ende geht – welcher Euphemismus für den Skandal des Krepierens –, dann bauen wir nicht ab, sondern auf. Soviel Trauer, Schmerzen, Verzweiflung haben irgendwann auch den widerständigsten Leib gefüllt.

Wenn am Ende deiner Tage jemand zu dir sagt: schade dass es vorbei ist, es hat sich gelohnt, dann ist das vielleicht dein glücklichster, aber mit Sicherheit der bitterste Augenblick deines Lebens.

*

Über Leben und Sterben

Das Komplizierte steht am Anfang – und wir vergessen es. Später wird alles einfacher: Entropie des Lebens.

Es ist das Leben, das sich selbst verbraucht, sich selbst auffrisst. Das Leben eines Menschen ist der Prozess, in dem uns die Zeit verdaut, bis wir schließlich nur noch ihre Fäkale sind.

Leben heißt verwesen müssen.

Wer (schon) ist, der wird nicht (mehr).

Das Leben ist nur die Summe unserer verpassten Möglichkeiten. Bevor es richtig begonnen hat, ist es auch schon vorbei.

Indem man über das Leben hinweg lebt, versäumt man es.

Das Leben bedeutet fast nichts; aber dieses Nichts ist alles, was wir haben.

Das Leben ist das Produkt eines Aufenthalts, zu dem das Nichts auf der Reise durch sich selbst genötigt wurde.

Solidarisch mit dem Leben angesichts seines Sturzes.

Das Leben ist Drama, weil es immer Kampf ist, Tragödie, weil es immer (schlecht) endet und Komödie, weil der Kampf zu nichts führt.

Retten kann man sein Leben auch nicht durch Projekte, denn es ist schon verloren, wenn man seine Sach´ auf etwas stellt.

Ich will nicht die Welt retten, ich will nur mich retten.

Die Nabelschnur, die Schnur des Lebens, offenbart sich erst am Ende unserer Tage als Strick, den wir von Geburt an um den Hals trugen. Jede Sekunde zog er sich etwas enger.

Leben? Vergeblich!

Kann man falsches Leben vergeuden, Sterbende, die wir sind? Nur das Sterben vertun wir!

Wer nicht bereit ist, sein Leben zu verteidigen, der hat es auch nicht verdient.

Die schwarzen Tage entscheiden über unser Leben, nicht die weißen.

Nichts ist so traurig, wie ein schöner Tag, weil wir wissen, es wird noch etliche ohne uns geben. Die schlechten Tage stimmen uns eher heiter, weil wir sie den Überlebenden gönnen.

*

Wer sich unter Sterblichen umtut, wird selbst sterblich. Unsterblich geboren, erzählte man uns, auch wir müssten sterben.

Werde was du bist, heißt es. Du bist unsterblich, also werde es! Im grenzenlosen Leben werden wir das sein, was wir sind: Die Verwirklichung aller Möglichkeiten.

Insgeheim wissen wir alle, dass wir gar nicht sterben dürften.

Ohne seine Einwilligung sollte niemand sterben müssen.

Um unsterblich zu werden, muss man ein bösartiger Tumor sein. Also werdet bösartige Tumore. Allein auch das vergeblich, weil ihr euch irgendwann selbst zerfressen habt.

Erst wenn die Menschen unsterblich geworden sind, sind sie wirklich Menschen. Sterben ist unmenschlich.

Selbst bei relativer Unsterblichkeit, wäre die Wahrscheinlichkeit zu sterben, äußerst hoch. Es gibt zu viele Gelegenheiten. Leben ist immer gefährdet.

Wie kann man eine Kunst des Sterbens gewinnen, die gleichzeitig eine des Lebens ist, ohne ins Affirmative abzugleiten?

Für das bessere Leben muss man nicht erst sterben, wie die Religionen verheißen.

Jeder Mensch stirbt ständig. Die Welt ist voll von Toten.

*

Über den Wert des Lebens

Wenn Menschen ihr eigenes Leben so wenig wert ist, dass sie es ruinieren, warum sollte mir ihr Leben dann mehr wert sein?

Jeder Mensch ist genauso viel wert wie alle anderen zusammen.

Die demokratische Tonnenideologie besteht in dem Dekret, viele Menschen seien mehr wert als einer, hätten somit einen Mehrwert. Das ist die Logik, die Passagierflugzeuge abschießen lässt, das ist die Logik der statistischen Vernunft. Statistik ist Staatswissenschaft – das sollte man nie vergessen.

Vom menschlichen Standpunkt aus ist ein Mensch sogar mehr wert als hundert Menschen. En masse ist der Mensch ein Tier.

Warum sollte das Leben eines Kindes mehr wert sein als das eines Greises? Soll das heißen, das Leben zähle mit jedem Tag weniger?

Das Leben ist keine Frage des Wertes, obwohl so mancher eine derartige Rechnung aufmacht. Doch keiner bringt sich um, weil sein Leben nichts wert sei.

Wer sagt, dass das endliche Leben mehr wert sei als das unendliche? Kennen wir – außer den Göttern, aber denen sagt man ja nach, sie seien tot – unendliches Leben? „Alles, was besteht, ist wert, dass es zugrunde geht!" Lässt sich daraus schließen, dass nur jenes etwas wert sei, dass zugrunde geht? Das ist ökologistischer Euphemismus: Scheiße schönreden.

Jedes Leben ist umsonst. Es kostet nichts und doch ist der Preis zu hoch.

*

Über Tod und Selbstmord

Nur der Partisan wehrt sich gegen den Tod, die Kombattanten hofieren ihn. Aber wie kämpft man gegen den Tod, wie wehrt man sich? Ist nicht jede Anstrengung, jede Verausgabung Wasser auf seine Mühlen? Heißt kämpfen nicht immer schon verlieren?

Der Normalzustand im Universum ist der Tod. Das Leben ist nur eine Ausnahme.

Mit dem Tod müssen wir leben – oder sterben.

Wirklich leben kann einer nur, wenn er dem Tod schon mal guten Tag gesagt hat.

Nichts ist endgültig, alles lässt sich korrigieren, nur nicht der Tod. Deshalb gibt es nur einen Imperativ: Du sollst nicht sterben!

Die Legitimation des Todes als „natürlich", klingt wie das Pfeifen im Walde.

Die praktizierenden Anhänger der These, der Tod sei ein Teil des Lebens und man habe ihn zu akzeptieren, feiern das „Sein zum Tode" und denunzieren den, der sie ausspricht.

Wenn alle Welt meint, der Tod gehöre zum Leben, man solle ihn akzeptieren und hinnehmen, nicht gegen ihn kämpfen, weil man doch nicht gewinnen könne, warum sind dann alle auf Selbsterhaltung so erpicht? Trauen sie ihren eigenen Phrasen nicht oder können sie nicht anders diese Beschwätzer des angeblich Unvermeidlichen, diese Apologeten des Faktischen, dem sie Geltung verschaffen?

Eine Anthropologie, die den Tod als zum Menschsein dazu gehörig akzeptiert, vergisst, dass der Mensch nicht das ist, was er ist, sondern, was er sein könnte.

Mit der Abschaffung des Todes ginge uns nichts verloren; nicht einmal eine Erfahrung oder ein Erlebnis, weil man mit dem eigenen Tod keine Erfahrungen machen kann und auch keine Erlebnisse hat. Wer trotzdem darauf beharrt, unterscheidet sich nicht von dem Mörder, der „bloß mal sehen" wollte, „wie das ist, wenn jemand stirbt".

Wenn es um den Tod geht, dann werden (fast) alle zu Zynikern. Der Zynismus ist das einzige Mittel gegen die Verzweiflung. Ohne ihn kann man seine Tage nicht mehr zu Ende leben. Andererseits sind aber auch die wirklichen Zyniker allesamt verzweifelt.

Der Tod ist (leider) der Unsinn des Lebens. Wer nach dem Sinn des Lebens sucht, hat ihn schon verfehlt. Ohne einen Sinn des Lebens lebt es sich auch nicht schlechter. Glaubt nicht den Sängern, die da trällern, es ginge nicht um das schnöde, profane Leben an sich, sondern um den Sinn und die vernünftige Rechtfertigung des Lebens, die dem Sterben die höheren Weihen zukommen lassen. Glaubt nicht denen, die da grölen, nicht gegen das Leiden an sich wären sie, sondern nur gegen das ungerechtfertigte. Welche Leiden, welcher Tod wären jemals gerechtfertigt gewesen?

Abschaffung des Todes, Auferstehung der Toten, ewiges Glück für alle!

In jedem Gebäude erkennt man schon die Ruine, in jeder Pflanze, in jedem Tier schon das Verdaute und in jedem Menschen das Skelett.

... Die zweitbeste Lösung bestände darin, dass die ganze Welt mit uns verginge. Sie würde uns von der Kränkung befreien, dass es auch ohne uns weiterginge und weitergehen könnte.

Kann man deshalb, weil noch niemand von den Toten zurückgekehrt ist, daraus schließen, dass der Tod besser ist als das Leben?

Wir beschäftigen uns immer mit dem Tod? Kann schon sein. Aber auf jeden Fall beschäftigt sich der Tod immer mit uns, ohne dass wir es merken.

Der schönste Tod ist der, den man nie gestorben ist. Es gibt keinen schönen Tod.

Der Tod ist ein Terrorist, weil er über Wehrlose herfällt.

Jedes Ende ist Mord; jedoch ohne Motiv und Mörder. Ohne Beweggründe wird das Leben abrupt und gewalttätig beendet.

Gehe nicht zu freigiebig mit deinen Tagen um; es könnten deine letzten sein.

Was bringen dir tausend Jahre, wenn du den Tag nicht zu nutzen weißt.

Nutze auch die letzten deiner Tage, es kommt kein weiterer.

*

Der Tod ist so sinnlos wie das Leben; deshalb bietet auch der Selbstmord keinen Ausweg. Der Selbstmord ist der Optimismus der Pessimisten: Sie glauben, der Tod wäre die bessere Alternative.

Man kennt viele – vergebliche – Fluchten vor dem Tode: kollektive Identitäten, Nachruhm, Produktion von Nachkommen, Religionen; der Selbstmord ist die verzweifeltste.

Auf Selbstmord steht die Todesstrafe.

Jede Philosophie, die den Selbstmord verwirft, ist nichts wert, jede Ideologie, die ihn verbietet, ist totalitär.

*

Über Dinge und Halbdinge

Die Dinge haben eine vorgängige Bedeutung, die ihnen nicht erst nachträglich angehängt werden muss.

Das wahre Wesen der Dinge ist Dreck. Letztlich löst sich alles Dingliche in ihn auf.

Die nützlichsten Dinge sind letztlich die nutzlosesten.

Die Dinge existieren länger als die Lebewesen. Wohl deshalb hängen sich die Menschen an sie, in der Hoffnung, an dieser Dauer partizipieren zu können. Die Pflege der Dinge ist Ausdruck dieser Hoffnung; die Ruine hingegen der Gleichgültigkeit. Mitnehmen kann man nichts. Trotzdem sind die Dinge nichts ohne die Menschen.

Wenn gesagt wurde, dass die Zeichen nicht in den Dingen und die Dinge nicht in den Zeichen aufgehen, kann man nicht behaupten, dass es jenseits der Zeichen nichts mehr gäbe. Wenn die Welt nur Text wäre, könnte man die Dinge und Sachen auch einfach durch Wörter ersetzen.

Warum sollten Dinge, die man kaufen kann, keine Aura haben?

Auch Halbdinge können Schatten werfen; nur Schatten können das nicht.

*

Über das Anorganische

Könnte das Anorganische nicht doch eine Alternative für uns sein?

Die Welten altern jetzt schneller als die Menschen. Nur die Welt der Steine ist beinahe ewig. Mit den Steinen sterben die letzten Welten.

Wenn von „lebenden Fossilien" gesprochen wird, dann unterstellt man, dass sie *sich* überlebt haben. Man sollte aber nicht verkennen, dass sie eben aber auch *überlebt* haben. Um überleben zu können, muss man wohl zum Stein werden.

Wer das Leben der Steine begriffen hat, der befindet sich im Vorzimmer zur Unsterblichkeit.

Vielleicht ist es aber auch so, dass die Materie das Subjekt und wir das Objekt sind; benutzt von ihr lediglich als Durchlauferhitzer. Nicht wir vergeuden sie, sie bedient sich unser.

Wenn die Steine bluten, wird aus den Menschen Feuer schlagen. Dann erst werden sie sich verstehen.

Die Steine sind nicht nur unsere älteren (Stief-) Brüder und Schwestern. Sie sind in diesem Universum zuhause; wir nicht – wir sind nur Fremde.

Die erhabenste Fähigkeit der Lebewesen ist es, müde zu werden. Hier sind sie der Seinsweise der Steine am nächsten.

*

Über Gräber

Der einzige Text, der für kurze Zeit überdauert, ist der auf den Grabsteinen.

Mit symbolischer Unsterblichkeit kann man nicht leben.

Bitter ist es, wenn schon Dornen auf den Gräbern wachsen. Man ahnt das eigene Schicksal: Durch das Vergessenwerden endgültig zu sterben.

Keiner weiß, ob das Geräusch, das er hört, nicht von dem Werkzeug kommt, mit dem man sein Grab schaufelt.

„Man lässt die Gräber auf" heiß: Die Toten werden ausgelöscht.

*

II

Über Schmerzen

Das Leben beginnt dort, wo Verletzungen und Schmerzen drohen. Wer leben will, muss leiden können.

Ein guter Lehrer zeigt seinen Schülern, wo es lohnt, sich Schmerzen auszusetzen; nicht sie zu vermeiden.

Je stärker die Schmerzen zurück gedrängt werden, desto größer wird die Angst vor ihnen.

Die Menge des Schmerzes in der Welt bleibt immer gleich; er wird nur anders verteilt.

Schmerz und Melancholie werden nicht dadurch zur Kunst, dass sie vom Leben auf die Bühne steigen, sondern dass sie jemanden ergreifen.

*

Über Krankheit und Kränkung

Krankheit ist kein pathologischer Zustand, sondern eine andere Lebensform.

Die Menschen vergessen alles, was man ihnen antut; nur keine Demütigungen.

Wenn du jemanden kränken willst, dann mach ihm ein großes Geschenk.

Die größte Beleidigung für andere ist, wenn wir ohne ihre Hilfe auskommen. Hilfst du dir selbst, verzeihen sie dir das nie, weil sie dich nicht demütigen und entmündigen dürfen.

Hilf einem Menschen (oder einem Land) und er wird dir das nie verzeihen. Der Stachel der Demütigung sitzt zu tief. Hilf deshalb nur denen, die auch dir helfen.

*

Über Leid und Mitleid

Leid lässt sich nicht quantifizieren! Warum sollten tausend Menschen mehr leiden als einer?

Es sind nicht Vernunft, Moral oder Gewalt, die uns zusammenhalten, sondern Angst und vor allem: Mitleid. Es lässt sich jedoch weder dekretieren, noch beschwören. Wer (kein) Mitleid hat, reißt nicht die letzte Grenze ein; er macht die Mauer zwischen den Einzelnen endgültig unüberwindbar.

Wer kein Mitleid zeigt, hat meistens mehr davon: vom Mitleid, aber auch vom Nicht-Zeigen.

Ich bemitleide die Anderen nicht und deshalb verachte ich sie auch nicht.

Mit den Leidenden kann jeder sympathisieren, ohne dass es ihn etwas kostet. Wahre Größe zeigt sich in der Freude an dem Glück Anderer, ohne neidisch zu sein.

Nicht nur wir haben an unserem Leid schwer zu tragen, auch das Leid hat an uns keine leichte Last. Wer einmal gesehen hat, wie ein alter Mann an einem späten Vormittag unter sengender Sonne von dem Leid ins Kaffeehaus geschleppt wurde, der wird sich des Mit-dem-Leid-seins nicht erwehren können. Wer die tote Schlange über dem Zaun hängen sah, diese Kreatur, die wir sonst so verachten und fürchten, der sollte auch mit dem Zaun fühlen, der sollte auch in das Leid sich hineinversetzen können. Und wer das Leid selbst schon einmal die steinige Straße den Hügel sich herauf quälen sah, der kann nicht anders als mit ihm sein.

*

Über Angst und Verzweiflung

Die Quelle des Lebens ist die Angst vor dem Tod. Wer keiner Angst mehr vor ihm fähig ist, der lebt nicht mehr.

Man fürchtet sich nie genug; das sieht man daran, wie viel Menschen sich in gefährliche Situationen begeben und darin umkommen.

Die schrecklichste Angst vor dem Tod haben diejenigen, die meinen, er ginge sie nichts an. Epikur muss furchtbar gelitten haben.

Niemals werden die Menschen Epikuräer oder Stoiker, weil das Sein des Daseins Sorge ist. Die Aufforderung: Sorge dich nicht, lebe! ignoriert die Subjektivität und reduziert das Dasein zu einer objektiven Tatsache unter anderen.

Wie unendlich verzweifelt muss der Mensch gewesen sein, der eine Blume Vergissmeinnicht nannte.

*

Über Abschied und Trennung

Jeder Augenblick ist ein Abschied für immer; jede Situation ist unwiderruflich verloren. Das ganze Leben besteht aus einer Aneinanderreihung von Abschieden und Verlusten.

Niemand hat uns gefragt, ob wir geboren werden wollen, niemand fragt uns, ob wir sterben wollen. Wenn wir uns erst einmal bewusst geworden sind, dass wir da sind, ist es auch schon zu spät: wir wollen nun nicht mehr weg! Der Tod selbst ist dabei gar nicht einmal das Schlimmste – wenn nur die Trennung von den Anderen nicht wäre. Haben wir uns an Menschen gewöhnt, kommen wir nicht mehr von ihnen los.

Selbst eine tausendjährige Beziehung wäre nur eine flüchtige Begegnung.

Wenn ich (für mich und die Anderen) sterbe, sterben auch die Anderen (für mich). Mit meinem Tod geht (für mich) die Welt zu ende. Was soll mich also eine Welt (der Anderen) bekümmern, wenn es (für mich) keine mehr gibt?

Wir leiden immer unter den Trennungen. Wir können nur wählen zwischen (lebenslanger) Einsamkeit, die uns den Abschied vom Leben erleichtert, und dem Abschied-Nehmen-Müssen. Wer sich nicht trennen will, muss einsam bleiben; wer einsam bleibt, muss sich nicht trennen.

*

Über Einsamkeit und Alleinsein

...und dann wirst du vielleicht 80 Jahre alt und kaum einer hat dich bemerkt.

Eines Tages werden wir ganz alleine sein – für immer. Wir werden nirgendwo eingehen und aufgehoben sein; wir werden von allen und allem getrennt sein.

Die Vorstellung von einem Massengrab hat auch etwas Beruhigendes.

Neben dem Bösen zählt die Einsamkeit zu den Kosten der Freiheit. Hat das Böse vielleicht etwas mit der Einsamkeit zu tun?

Die meiste Zeit sind die Menschen mit sich allein. Es gibt aber Tage, da muss man sich von sich selbst erholen.

Nur wer sich ergreifen und verführen lässt, entkommt den hermetischen Zirkeln autistischer Isolation und Einsamkeit. Aus eigener Kraft kommt das autonome Individuum da nicht raus.

Zum Alleinsein braucht man keine Menschen. Einsamsein kann man jedoch nur zwischen ihnen. Einsamkeit ist der Fluch der Menschen; die Angst vor ihr unser Schicksal.

Manche Menschen sind mit sich in bester Gesellschaft. Einige verdienen es sogar, sie auf ewig zu genießen.

Sich verstecken wollen, ist menschlich; aber Menschen können sich nicht verstecken. Allein der Hunger nach den Anderen treibt sie aus den Löchern.

Einsam ist nur der, der immer unter Menschen sein muss.

Man ist wohl nie redseliger als wenn man allein ist.

Wir sind Verlorene, die nie mehr jemand aus dem Fundbüro abholen wird – vielleicht auch deshalb nicht, weil wir dort von niemandem abgegeben worden sind.

*

Über Augen-Blicke

Den Primat der Augen kann man nur brechen, indem man sie zum Weinen bringt. Unter Tränen kann man nicht mehr klar sehen. Von Gefühlen überwältigt, setzt der Verstand aus.

Wenn Blicke töten könnten, wären wir längst alle tot.

Wenn man erst einmal seine Unbefangenheit verloren hat, fühlt man sich immer, als ob man angeblickt würde.

Jeder Blick, der uns einmal traf, bleibt für immer haften.

Wenn man alles sehen kann, sieht man nichts mehr. Wer nur sieht, was er sieht, sieht gar nichts.

Manchmal sieht man mehr, wenn man die Augen schließt.

Glücklich der, für den der Spiegel bloß ein weiteres Fenster ist.

*

Über Langeweile

Batailles Einwand, immerwährendes Glück wäre langweilig, ist Unsinn. Abgesehen davon, ob die Langeweile dem Unglück nicht vorzuziehen wäre, kann derjenige, der sich langweilt, nicht glücklich sein und wer glücklich ist, der langweilt sich nicht.

Langeweile ist der Preis für Sicherheit. Ist er zu hoch?

Lob der Langeweile: Wenn du lange leben willst, dann musst du dich langweilen. Wer sich langweilt, dem kommt die Zeit wie eine Ewigkeit vor. Langeweile ist eine Möglichkeit, das Leben zu verlängern.

Biographien interessieren insbesondere Menschen, deren eigenes Leben langweilig ist.

Tadel der Langeweile: Wer sich langweilt, dem langt alles nicht, weil er sich für nichts interessiert, der braucht immer neue Reize zur Anstachelung, weil ihm alles gleichgültig ist, weil es ihm letztlich an allem mangelt.

„(...) wir, die wir uns niemals langweilen" (Stefan Zweig), nur gelangweilt werden können. Langeweile ist die Regung emotionaler und mentaler Analphabeten.

*

Über Erinnern und Vergessen

Wer den Kindern die Erinnerung lehrt, der ist ein gnadenloser Sadist und Zyniker, eben ein Lehrer.

An jenem kommenden Tag, an dem sich niemand mehr an uns erinnert, weil der letzte, der von uns gehört hat, tot ist, wird unsere Existenz widerrufen.

Jede Erinnerung ist schrecklich, weil das Erinnerte nicht mehr ist.

Sehnsüchte sind Erinnerungen an etwas, das wir nie gesehen haben.

Kehr niemals mehr dorthin zurück, wo du schon einmal gewesen bist. Du zerstörst deine Erinnerungen.

Wir sind nicht nur das, an was wir uns erinnern, sondern auch das, was wir vergessen haben.

*

Das Vergessen vergessen heißt, das Paradies vergessen. Je mehr wir fortschreiten, desto weniger können wir vergessen.

Wenn wir sterben, sterben Andere mit uns: alle diejenigen, an die nur noch wir uns erinnern. Das Gedenken ans sie geht mit uns verloren.

Nur den größten Kriminellen wird es vergönnt sein, bis zum Ende aller Menschentage unvergessen zu bleiben. Verbrechen lohnt sich.

Wenn man sich von etwas nicht trennen kann, dann verliert man es.

*

Über Vergangenheit und Zukunft

Eine wirkliche Zukunft wird es nicht geben; alles ist Vergangenheit. Ewiges Leben heißt ewige Gegenwart. Wer nicht sterben kann, braucht auch keine Zukunft. Für die Unsterblichen gibt es kein Gestern und kein Morgen.

Nicht die Vergangenheit ist unser Schicksal, sondern die Zukunft.

... vielleicht ist aber auch die Vergangenheit die Zukunft.

Die Vergangenheit steht in unserer Schuld, nicht wir in ihrer.

Wenn Amerika der Kontinent ohne Vergangenheit ist, dann Europa der ohne Zukunft.

Das Problem mit Amerika und Europa ist, dass jenes sich zu sehr verändert hat, dieses jedoch überhaupt nicht.

*

Über Tradition und Geschichte

Was legitimiert die je spezifische Organisation der Gesellschaften? Doch nur die Tradition. Weil Andere vor uns über uns bestimmt haben, gilt (diese) Organisation als legitim. Wir machen uns daran, sie zu verändern, weil man uns sagt, wir müssten mitmachen. Wenn es dann – vielleicht – geschafft ist, treten wir ab; und so determinieren wir die Nächsten. Wir haben ihnen eine Welt geschaffen, die sie aber gar nicht woll(t)en. Der ganze zivilisatorische Fortschritt besteht darin, der nächsten Generation fremde Verhältnisse zu hinterlassen, die sie dann wiederum versucht, für sich zu verändern. Es ist immer viel zu spät – das ist die Tragödie der Generationen.

Traditionalismus ist Faulheit.

Die Traditionen lehren uns nichts als dass die Alten es anders gemacht haben. Wir ehren die Alten doch sonst auch nicht; warum sollten wir für ihre Erfahrungen eine Ausnahme machen?

Verehrung und Verachtung der Alten, weil sie dem Tod (zu) lange widerstanden haben.

Wenn alles Geschichte ist, wie die Historiker glauben, muss dann der Satz „Alles ist Geschichte!" nicht auch Geschichte sein?

Alle bisherige Geschichte ist die Geschichte von Klassifizierungskämpfen.

Das Ende der Geschichte ermöglicht eine neue.

*

Über Raum und Zeit

Zugang zu den Sternen gibt es nur über die Unsterblichkeit. Seit alters her verehren die Menschen den Himmel, weil sie schon immer gewusst haben, dass die Unendlichkeit mit der Ewigkeit identisch ist: Raum und Zeit sind eins. Das ist das Versprechen des Himmels auf ewiges Leben. Nur wer die Zeit überwindet, kann den Raum überwinden; und wer den Raum überwunden hat, hat auch schon die Zeit überwunden. Das ist das Arkanum von Geschwindigkeit und unendlicher Weite.

Der Traum der Geometrie ist Geschwindigkeit.

Die Zeit ist der Raum und das Sein ist das Nichts; denn alles ist im Werden. Der erlebte Raum ist so gegenwärtig wie die erlebbare Gegenwart räumlich. Sein und Nichts kann man nicht erleben.

Wir gehen nicht mit der Zeit, sondern in eine ganz andere Richtung.

Nicht Wiederkehr des Immergleichen und schon gar nicht linearer Fortschritt – Zeit ohne Ziel, das ist das aufgelöste Rätsel des Menschlichen.

*

III

Über Pflanzen, Tiere und Menschen

Sind Pflanzen keine Lebewesen? Was berechtigt die vegetarischen Ethiker, sich für die Tiere – und hier auch nur für die großen, sichtbaren – stark zu machen, die Pflanzen jedoch außer acht zu lassen, ja sie sogar der Vernichtung preis zu geben? Ist es deren ganz anders geartete fremde Erscheinung? Ist es Ignoranz gegenüber xenomorphen Lebensformen, weil sie uns so wenig ähneln?

Wer verteidigt schon das Lebensrecht einer Möhre, einer Erdbeere oder eines Grashalmes?

*

Wer das Tier (in uns) rettet, der rettet (uns) eine ganze Welt.

Die Behauptung, Tiere könnten nicht denken, weil sie nicht sprechen könnten, muss nicht stimmen, wie man an so vielen Menschen sehen kann, die zwar sprechen, aber nicht denken können. Hat man jemals von einem Tier gehört, das sich unvernünftig verhielte?

Nur ihre Unmenschlichkeit haben die Menschen den Tieren voraus.

Die Menschen unterscheiden sich von den Tieren dadurch, dass man neben ihren Scheißhaufen immer ein Papiertaschentuch findet.

Es sollte nicht verwundern, wenn dereinst der Übermensch doch wieder nur der alte Affe ist.

Tiere haben keine Zeit.

Tiere wissen vielleicht nicht, dass sie sterben *müssen*, aber dass sie sterben *können*; sonst hätten sie keine Angst.

*

Die Evolution und Kultur des Menschen ist kein Fortschritt, sondern eine fortschreitende Plage.

Der Mensch ist der Stachel im Fleisch des Universums.

Der Mensch ist ein Abenteu(r)er der Evolution. Er ist ein erstaunlich resistentes Lebewesen. Seit Jahrtausenden müht sich die Natur, ihn wieder los zu werden. Aber selbst mit seiner eigenen Unterstützung hat sie es bisher nicht geschafft. Für die Zukunft lässt das Schlimmes ahnen. Zweifel an ihr sind nicht trotz, sondern wegen der Vernunft der Menschen angebracht.

Wenn es heißt: „Der Mensch steht bei uns im Mittelpunkt!", dann sollte man sich genau anschauen, welcher gemeint ist und welcher am Rande steht.

Der Mensch besteht aus seinen Wirklichkeiten und aus seinen Möglichkeiten. Dass jedoch hinter seinen Wirklichkeiten das Wesentliche liege, ist unbegründet. Warum sollten die Möglichkeiten sein Wesen sein? Auch die Realisierung der Möglichkeiten wäre nur wieder Scheinbarkeit, nicht wesentlich: permanentes Leben im conjunctivus irrealis.

Wir sind alle schuldig, weil wir hinter unseren Möglichkeiten zurück bleiben.

Auch der Mensch partizipiert mit seinen natürlichen Waffen, den Zähnen, Nägeln und Knochen an der Welt des Anorganischen.

Man muss nicht erst tief bohren. Die Abgründe des Menschen sind an der Oberfläche. Man wird ihrer im Tagebau habhaft.

Von allem anderen hat die Menschheit ihr Interesse abgezogen; seitdem beschäftigt sie sich nur noch mit sich selbst.

Der neue Mensch, das ist der alte in Uniform.

Der Mensch ist nicht tot; wer nie gelebt hat, kann auch nicht sterben.

*

Über den letzten Menschen

Jeder Sonnenuntergang erinnert uns an den letzten aller Tage.

Das Problem des letzten Menschen ist auch gelöst: Er kann seine Hinrichtung an eine Maschine delegieren. Bis zur Möglichkeit ihrer totalen Ausrottung musste die Menschheit bis zum Maschinenzeitalter warten. Wem sollen wir dafür danken, dass das Warten nun ein Ende hat?

Wenn das Staunen das Vorrecht der ersten Menschen war, was ist dann das Recht der letzten?

Zufriedenheit wird die Tugend des letzten Menschen sein, weil er die Einsamkeit genießen und den Tod ertragen wird.

Keiner wird mehr da sein, wenn das Jüngste Gericht dereinst alle herbei zitieren will. Schon gar kein Richter; wer sollte das auch sein?

*

Über Natur und Kultur

Natur: killing fields. Kultur: Die Fortführung der Natur mit anderen, aber ähnlichen Mitteln.

Naturschutz ist unmenschlich.

Kultur ist keineswegs die Zurückdrängung von Gewalt; ist diese doch deren Bedingung. Kultur ist deshalb auch nicht das Andere der Gewalt, vielmehr eines ihrer Symptome.

Hochkulturen entstehen dadurch, dass viele Menschen klein gehalten werden. Man nimmt ihnen das Leben, damit die Kulturen hoch werden können. Keine Hochkultur verdient es, hoch genannt zu werden.

Aber auch, wer ihre hohen Häuser zerstört, will die Menschen klein machen.

Die Fragen sind letztlich immer die gleichen; nur die Lösungen unterscheiden sich voneinander. Lediglich in diesem Sinne kann man von verschiedenen „Kulturen" sprechen; sie sind Stein gewordene Antworten auf die gleichen Probleme, und damit selber welche.

Die Kulturen sind längst nicht mehr das, was sie einst waren. Manches ist schon Ruine, bevor es gebaut wurde. Solche Ruinen haben nichts Erhabenes, keine Patina.

*

Über Zivilisation und Verhängnis

Zivilisation – das ist das Beinhaus der Gedanken, Träume und Visionen. I have a dream – damit beginnt jede Tragödie. Sie ist das Feuer, in dem wir alle für nichts und wieder nichts verbrannt werden. Fortschritt gibt es in der Geschichte der Menschheit also durchaus; er besteht in den größeren Leichenbergen. Mit der Existenz von immer mehr Menschen nimmt auch die Möglichkeit zu, immer mehr Menschen zu töten. Zudem wächst mit der Menge der Menschen auch die Qualität der Destruktionsmittel proportional an.

Zivilisation ist, wenn nicht mehr Köpfe abgeschlagen werden, sondern wenn auf dem elektrischen Stuhl exekutiert wird.

Es ist ganz sinnlos Mauern gegen die Barbaren zu bauen. Sie sind nicht außerhalb, sie sind intra muros.

Das Abendland ist wie parfümierte Eingeweide: alles sieht Scheiße aus, aber es riecht gut.

Es ist mit Sicherheit nicht so, wie Gracian noch (mit welchem Recht?) glaubte und nicht erst Auschwitz uns eines Schlechteren belehrte, dass Bildung den Menschen aus der Bestialität führen würde, sondern bloß der Mangel an Gelegenheiten.

Zivilisation ist nicht in erster Linie der Versuch, die Lebensbedingungen zu verbessern, sondern das Leben nicht enden zu lassen. Der Mensch ist das einzige Tier, welches sein Leben nicht aufgibt und einfach enden lässt. Er will nicht verenden. Diesem Drang sind alle Handlungen untergeordnet – mit keinem durchschlagenden Erfolg. Das wir besser und länger leben als die Tiere, darf zumindest bezweifelt werden. Und selbst, wenn wir solange leben würden wie die Steine, auch dann käme unweigerlich einmal das Ende. Auch Steine müssen sterben.

Zivilisation ist die Bewirtschaftung der Zukunft.

Babylon soll die Hauptstadt sein, nicht Athen oder Jerusalem.

Im Dschungel der Zivilisation ist die Finsternis durch das Man ersetzt; es starrt dich an aus abgründiger Weite.

Was braucht man nicht alles in der Wildnis, um zu überleben. In der Zivilisation genügt die Kreditkarte.

Nicht gegen die Natur, gegen die Zivilisation müssen wir uns durchsetzen und wappnen. Aber der Natur freien Lauf zu lassen hieße, irgendwann in Melancholie verfallen und nicht mehr hassen zu können. Hass ist Fortschritt gegen die Natur.

Die Zivilisation bietet den einzigen Schutz gegen die Natur. Sie muss uns jedoch nur deshalb schützen, weil sie vorher die Sünde begangen hat, uns zu zivilisieren. Auch sie: nutzlose Nützlichkeit.

Ohne Zivilisation gäbe es kein Bedürfnis, gegen ihre Regeln und Gesetze zu verstoßen.

Der Ausflug in die Zivilisation hat sich nicht gelohnt. Wir wissen das – und müssen trotzdem weiter machen.

Die Shoa ist nicht der Bruch (mit) der Zivilisation, sondern ihre Wahrheit.

*

Über das Paradies, Auschwitz und Gulag

Das Paradies war eintönig, schrecklich und brutal, aber es war ein Paradies.

Für die meisten Menschen wäre das Paradies wohl die Hölle – weil es nichts zu tun gibt. Schon Adam und Eva konnten den arbeitslosen Zustand nicht ertragen. Für sie und ihre Nachkommen ist das Reich der Notwendigkeit zwar nicht das Reich der Freiheit – damit können sie nichts anfangen –, aber das des Glücks. Dummheit ist eben nicht das Gegenteil von Klugheit, derer sich die rühmen, die vom Baum der Erkenntnis gegessen haben. Die Vertreibung aus dem Garten Eden war insofern eine Belohnung für die, die meinen, Arbeit mache frei.

Es wird kein Paradies geben; ohne Not langweilen sich die Menschen zu sehr. Keine Mühen zu haben, macht ihnen zu viel Mühe.

Manchmal liegt das große Paradies neben dem kleinen Gulag; manchmal liegt das kleine Paradies neben dem großen Gulag; manchmal ist das Paradies der Gulag.

*

Über Katastrophen, Siege und Niederlagen

Wie buchstäblich alles, so ist auch die Katastrophe ein Problem der Überlebenden; für die Toten gibt es keine Katastrophen mehr. Der Untergang der Welt ist deshalb auch keine Katastrophe; Katastrophen, so zynisch sind sie, haben einen reinigen Charakter. Eine Katastrophe ist daher auch immer Katarsis. Der Weltuntergang, als (Nicht-)Ereignis, reinigt nichts, weil es keine Reinigung für irgendwen oder irgendwas wäre. Die Katastrophe, das ist der Abbruch der reinen Dauer, des immerwährenden Dahinlebens, der Schrecken, der zum Schrecklichen wird und von der man weiß, dass danach „alles anders" sein wird. Zu dem „alles anders" gehört auch der Überlebende selbst. Für ihn wird eine Welt, seine Welt unter Schmerzen neu geboren. Eine ganze Welt ist vergangen, eine neue entsteht. Einer Zeit erdrückender Schmerzen und Schwermut folgt eine Zeit des Triumphes, die wieder einer Niedergeschlagenheit Platz macht und alsbald folgt auch ihr wieder eine Zeit euphorischen Neubeginns. In der Katastrophe bleibt keiner, der er war. Es öffnet sich Neues. Jedoch weiß niemand, was wird. Ein solcherart Überlebender ist keineswegs Triumphator, der sein Nocheinmal-davon-gekommen als Sieg feiert. Eher fühlt er sich als Verlierer, als einer, der alles verloren hat, den absolute Leere umgibt und der nur Leere in sich fühlt. Erst später reift ein Gefühl auch der Befreiung heran, ein Gefühl, von Lasten befreit zu sein. Dann kann der Verlust vielleicht auch zu einem Gewinn werden.

Auch Erfolge können zu einem Problem werden.

Die Gewinner, vor allem die Gewinner sind die Verlierer: zuviel Geld, das sie nicht ausgeben können, weil sie keine Zeit haben.

Gewinnen ist die beste Strategie, um zu verlieren; man muss erst etwas verlieren, bevor man etwas gewinnen kann.

Der Klügere gibt nicht nach. Nachgeben ist die Klugheit der Verlierer. Manchmal allerdings ist Verlieren die bessere Alternative.

Wenn man sich niemals entscheidet, hält man sich alle Möglichkeiten offen. Bis zu dem Tag, wo man keine Entscheidungen mehr treffen kann. Hat man dann verloren oder gewonnen?

Wir sind die Summe unserer Niederlagen. Die Siege waren nur Pyrrhussiege. Sie bestehen darin, dass sie die Geheimnisse zerstören.

Auch wenn es so scheint, dass es einen Ausweg gäbe, es gibt keinen. Schon vor unserer Geburt sind wir zum Scheitern verurteilt.

Wir alle kämpfen letztlich auf verlorenem Posten, weil sich keine Stellung dauerhaft halten lässt.

Wir sollten uns nicht über jenen freuen, der gefallen ist; er hat sich bloß zu uns in den Dreck gelegt.

*

Über Glück und Unglück

Das glückliche Leben ist jenes vor der ersten Kränkung; nach der Beschädigung ist nichts mehr, wie es war. Gib niemandem eine zweite Chance. Das Risiko und die Verletzung sind zu groß.

Ohne Anstrengung glücklich leben heißt, wie eine Pflanze von der Sonne leben; nicht wie Mensch und Tier aktiv in die Welt eingreifen, sondern sich auf die Sonne verlassen und sie genießen. Das glückliche Leben im Paradies war vegetabil und müßig.

Hütet euch vor denjenigen, die gegen das leichte Leben wettern; sie wollen es euch schwer machen.

Glück bedeute „dumm sein und Arbeit haben", beschied uns Benn. Das muss er mit Dumpfheit verwechselt haben. Glücklichsein heißt, dass der Kopf etwas zu tun hat. Allerdings, wer wirklich (nach-) denkt, kann auch nicht glücklich werden.

Die Aporie jeglicher Aufklärung besteht darin, ihre Glücksversprechen nicht einhalten zu können: Je aufgeklärter, desto unglücklicher werden wir.

Wer zum Glück unfähig ist, der muss Theorie treiben; nur wer zur Theorie unfähig ist, der könnte glücklich werden.

Die, die den Verzicht gegenwärtigen Lebens im Interesse zukünftigen Glücks predigen, leben in der Vergangenheit.

Es gibt kein Glück der Sterblichen; es gibt nur Ahnungen davon – und Ahnungslose.

Hinter, ja inmitten jeden Glücks lauert das Leiden, schon deshalb, weil wir wissen, das das Glück ein Ende hat. Es ist nur eine Episode.

Pass auf, dass in den grünen Auen die Schlangen dich nicht beißen.

Wenn der Schatten des Glücks die Unglücklichen küsst, dann wird sich zeigen, dass sie der Wahrheit näher sind.

*

IV

Über Chaos, Welt und Wirklichkeit

Wer das Chaos vollständig beseitigen wollte, arbeitete ihm nur umso sicherer zu.

Wir alle sind Gefangene der Bedeutungen, mit denen wir die Welt belegen.

Die Welt ist schwarz-weiß. Alles andere ist nur Farbe.

Die Welt ist das, was Zu-Fall und Ab-Fall ist; vielleicht ist sie aber auch nur ein Un-Fall.

Nur Hinterwäldler vermuten etwas hinter der Welt.

*

Aus kleinen Steinen der Fiktion können große Mauern der Wirklichkeit werden.

Wenn alles Konstruktion ist, eine Frage an die Konstruktivisten: Wer hat euch konstruiert?

Die Wirklichkeit, auf die sich die Realisten berufen, ist eine von ihnen vorab präparierte.

Wirklichkeit ist nur ein Irrtum; Realismus ein Vorurteil. Die Wirklichkeit ist niemals ganz dicht; an einem Ende läuft etwas heraus am anderen etwas hinein.

Was aber ist, wenn das, was ist, sich *nicht* ändern lässt? Ist dann, was ist, wirklich alles?

*

Über Ränder und Grenzen

Überall dabei – aber immer distanziert; niemals inter esse.

Lob der Peripherie: Nur wer am Rande lebt, steht mitten im Leben. Auch ist der Blick in den Abgrund schöner und der Weg zu den Friedhöfen kürzer.

Wir leben alle an der Grenze. Die Grenze ist nicht am Rand, die Grenze ist überall.

Am äußersten Rand des Planeten leben wir schon mehr im Weltraum als auf der Erde. Ins Offene, Weite gerichtet, stehen wir mit beiden Beinen auf der Erde, der Kopf ist immer im Himmel. Nie ganz hier, nie ganz dort, sind wir Bewohner eines Zwischenreichs.

Wer weiß, vielleicht sind wir die Antipoden und leben mit dem Kopf nach unten? Woher kommen sonst die Schwindelgefühle?

*

Über das Reisen

Von den wahren Reisen kehrt man nicht mehr zurück.

Was wäre bei einem Flug zum Mars zu gewinnen, außer einer grandiosen Aussicht auf die Erde?

Technologie ist hilfreich, das Weite zu suchen – und manchmal auch zu finden.

Man kann zwar aus der Haut fahren, aber auch auf diese Reise nimmt man sich mit.

Wer in sich selbst zu hause ist, für den bedeutet Unterwegssein nur, seinen Ruhepunkt zu verlagern.

Die kürzeste Reise um die Welt ist die ins eigene Selbst.

Wer sich über Gott und die Welt (noch) ereifern und aufregen kann, der braucht keine exaltierten Abenteuer. So jemand lebt immer am Limit. Was soll man in Eiswüsten und Steilhängen, wenn man gegen die Welt andenken muss. Dissidenz in der verwalteten Welt kann gut auf deren abenteuerliche Substitute und Sublimierungen verzichten.

Schreite nicht unbedacht auf fremder Erde. Darunter könnte dereinst dein eigenes Grab liegen.

Mancher meint, er könne mit den Winden ziehen; bis er merkt, dass es seine eigenen sind.

Warum nicht alle Brücken hinter uns abreißen? Hat nicht so mancher Konquistador seine Schiffe verbrannt? Zerstört die Erde, dieses Basislager der Menschheit.

Statt wie Nietzsche „Auf die Schiffe!", wäre es wohl angemessener „In die Boote!" zu rufen. In Frage steht nur, wohin wir uns retten wollen, gibt es doch keine Häfen mehr.

Das Leben der Menschen ist in jeder Hinsicht imperialistisch ausgerichtet: Weite, Weitung, Erweiterung.

Das Meer, die Berge, der Himmel sind deshalb so faszinierend, weil sie von der Unendlichkeit, vom Immer-weiter Zeugnis ablegen. Sie sind eine Messe für Agnostiker und Atheisten.

Das ruhig daliegende Meer ist das Antidot zum modernen Leben. Selbst die aufgewühlte See hat ihm gegenüber noch etwas kontemplativ Beschauliches.

Was für den Menschen letztlich zählt, ist die Bewegung und das Bewegende. Er will bewegt und in Bewegung gebracht werden.

Menschen sind gerichtete Lebewesen.

Auch das Pendeln ist eine Bewegung „der Nase nach"; wir gehen schließlich nicht rückwärts.

Wanderer, die wir sind, Bewegende und bewegt, werden wir schließlich in das Nichts der Bewegungslosigkeit gestoßen.

Der Berg ist nur dann ein Problem, wenn ich ihn erklimmen *will*. Alles Leben ist weniger Problemlösen – wie Popper glaubte – als vielmehr Problemsuchen: Wer keine hat, der macht sich welche.

*

Über Heimat

Deine Heimat ist da, wo deine Latrine steht und wo alles genauso stinkt wie du.

Wer einmal seine Heimat verlassen hat, der kehrt nie wieder heim. Das, wohin er „zurück" kehrt, ist nur noch ein Ort, von dem aus er einst aufgebrochen ist.

Da Heimat dort ist, wo, nach Bloch, noch niemand war, sind wir alle im Exil zu hause.

Wo es keine Gewohnheit gibt, kann man auch nicht wohnen.

Ein Freier ist überall zuhause, auch wenn oder gerade weil er keine Heimat hat.

Ein (post-) moderner Mensch ist dort zuhause, wo er einen Parkplatz findet.

Das Subjekt ist heimatlos in der objektiven Welt.

Es gibt nicht viele Menschen, die in die Fremde gehen und zuhause ankommen; dafür gibt es um so mehr, die zuhause bleiben und sich fremd fühlen.

Es gibt keine Heimat, wir müssen uns für immer in der Fremde einrichten.

*

Über das Fremde

Warum haben die Menschen das Fremde, das ganz Andere erfunden, wenn sie es doch nicht ertragen können?

Jeder der Andere eines Anderen, der Fremde eines Fremden.

Fremdenfeindlichkeit ist Feigheit vor dem Feind.

Was der „inneren" Welt die Seele, das ist der „äußeren" das Fremde: Residualkategorie, wo all das abgelegt wird, was nicht passt, was in den Ordnungen nicht unterzubringen ist.

Das Fremde, das ist nur unser eigener Schatten als Bedrohung.

Das Eigene ist nur ein(e) Spezialfall(e) des Fremden.

Der Hass auf die Fremden hat zu tun mit der Eifersucht, dass der Nachbar, der Genosse, die Schwester oder der Bruder mit ihm geht, fremdgeht. Die Eifersucht hingegen kommt von der Angst, allein zu sein. Der Fremde befördert den Schrecken, von den Anderen verlassen zu werden.

Fremdheit ist auch eine Chance, die wir uns nicht entgehen lassen sollten. Entfremdung schürt zwar das Misstrauen – und man hüte sich vor zu viel Vertrauen –, aber sie schützt auch die Geheimnisse. Ohne Geheimnisse verfallen die Beziehungen. Das Geheimnis des Geheimnisses: Es lässt etwas offen. Geheimnisse und Fremdsein erhalten die für jede Beziehung notwendigen Spannungen. Gibt es keine Spannungen mehr, werden wir selbst und die Anderen aneinander uninteressant. Deshalb: täuscht die Anderen und verhüllt euch! Gebt nur soviel preis, dass sie merken, ihr könntet auch ganz anders, ganz Andere sein.

Man findet selten jemand, der wirklich an dem interessiert ist, was Andere tun; schon eher an dem, was Fremde tun.

*

In der Entfremdung liegt die Freiheit.

Was ist daran so schlimm, wenn man sich selbst fremd wird? So kann man jemand Neuen kennen lernen.

Entfremdung begann an dem Tag als der erste Mensch erkennen musste, dass er sterben wird.

*

Über Identität

Wer etwas von sich wissen will, der muss Andere befragen, weil niemand von sich selbst einen umfassenden Eindruck haben kann.

Wer nicht bei sich selbst anfangen kann, der sollte nirgendwo anfangen.

Nur in unbewachten Augenblicken können wir aus uns heraustreten, um endlich einmal ganz bei uns zu sein.

Die Stelle, der Ort, wo sich das authentische Selbst zuhause wähnt, ist immer schon besetzt.

Romantische Ironie: Ich muss nichts, aber ich kann alles sein.

Eine Identität zu haben, wäre ein Mangel, kein Vorzug. Die Suche nach einheitlicher Form ist Selbstmord.

Identität ist mehr als eine bloße Vermutung; sie ist eine Zumutung.

Tanzen, aber kein Tänzer sein!
Sehen, aber kein Seher sein!
Singen, aber kein Sänger sein!
Spielen, aber kein Spieler sein!
Schlafen, aber kein Schläfer sein!
Reden, aber kein Redner sein!
Denken, aber kein Denker sein!
Jagen, aber kein Jäger sein!
Lesen, aber kein Leser sein!
Träumen, aber kein Träumer sein!

*

V

Über Ideologie und Ideologiekritik

Ausgewogenheit verlangen vor allem Dogmatiker, wenn man ihnen ihre Dogmen um die Ohren gehauen hat.

Dem spätmodernen Menschen in seiner Unbehaustheit und Labilität helfen keine Institutionen mehr, weil er sie durchschaut.

Alle „großen" Ideologien und Religionen, einschließlich Kommunismus, Demokratie und Psychoanalyse, waren und sind nicht Leidbeseitiger, sondern Leidbeschwichtiger. Sie machen uns glauben, das Leiden sei therapierbar und verdunkeln dabei das Skandalon des Todes.

Reduzierte man alle Ideologien auf ihren Kern, so bliebe Bevormundung.

Die Ideologiekritik kann sich nie ganz davon freimachen, dass sie der Sachverhalt einer Botschaft nicht interessiert. Vielmehr stellt sie den Überbringer der Botschaft unter Verdacht – cui bono? – und versucht ihn zu diskreditieren. Als wäre die Botschaft selbst damit auch schon erledigt. Ideologiekritik ist jene Ideologie, die sich den Sachen selbst nicht widmen will. Ideologie(kritik) ist die Kolonisierung der Unbefangenheit durch Politik, die Kontaminierung mit strategischem Denken und Handeln. Das, was Ideologie kritisiert, kann nicht selber Wahrheit sein.

Regelmäßig kritisieren diejenigen die Zustände am lautstärksten, die sie selbst zu verantworten haben.

Wer den Menschen die Früchte der Kulturindustrie vorenthalten will, muss damit rechnen, dass sie dann auf Reichsparteitage marschieren.

Die Kritiker der Technik sind ebenso Mystiker, wie deren Apologeten. Hören sie das Telefon läuten, so wettern sie über dessen Tyrannei. Als ob das Telefon anrufen würde.

Der Wunsch nach Ganzheitlichkeit reproduziert die alte Hybris von Metaphysik und Wissenschaft.

Alle Ideologien sind ein Aufbäumen gegen die Individualität; alle Ideologien die etwas „Höheres" als den Einzelnen zum Gegenstand haben, sind Ausgeburten der Angst vor dem Nichts und dem Verschwinden.

*

Über Idealismus und Ideen

Man muss den Weg vom bloßen Materialisten zum cynischen und nihilistischen Materialisten ohne den Umweg über den Idealismus schaffen. Idealisten gehören immer zu den Verlierern. Der Idealismus festigt die schlechten Zustände und erteilt ihren Verwaltern Prokura. Idealismus ist Feigheit angesichts der Sinnlosigkeit.

Trau keinem über dreißig! – sicher nicht; aber vor allem: trau keinem unter dreißig! Mit den enttäuschten Idealisten und gealterten Zynikern kann man leben. Sie sind wie du. Gefährlich sind jedoch die jungen Idealisten. Für die Idee von einer besseren Welt gehen sie über Leichen.

Von den meisten Ideen, die einen Vorgeschmack auf bessere Zeiten geben wollten, bleibt nur ein schaler Nachgeschmack.

Ideen sind das Funkeln der Sterne.

*

Über Glauben, Religion und Gott

Man kann wählen und man wählt, wie man handeln und sich verhalten will. Damit ist dem Glauben eine Möglichkeit aufgetan. Der Glauben ist insofern empirisch und erfahrungsgesättigt als dass er auf Handeln und Verhalten basiert. Man handelt nicht aus einem Glauben heraus, sondern der Glauben resultiert aus dem Handeln und Verhalten.

Wer sich vom Glauben verabschiedet hat, kann auch kein Atheist mehr sein. Die bloße Negation ist dem Negierten noch allemal verhaftet. Es sind die Atheisten, die dem Glauben zuviel Bedeutung zumessen.

*

Religion heißt, sich von der eigenen Phantasie ergreifen zu lassen.

Eines muss man den Religionsverwaltern lassen, sie haben die Menschen das Kriechen gelehrt. Die Priester hassen den aufrechten Gang.

Auf den Knien kam noch keiner weit.

„Die Philosophie ist nicht die Kunst, Narren zu trösten; ihr einziges Ziel ist es, die Wahrheit zu lehren und Vorurteile zu zerstören." (Sade) Die verwaltete Religion hingegen ist die Kunst, Narren zu trösten, Lügen und Vorurteile als Wahrheiten zu deklarieren.

Der Mensch ist vor allem Konsument. Die Religion ist nur ein schwacher Ersatz.

Erlösung ist keine Lösung.

Das Jüngste Gericht ist jedoch nur verschoben.

*

Der, der den Menschen das ewige Leben versprochen hat, der hat sich schuldig gemacht an all denen, die danach gestorben sind und die noch sterben müssen. Vielleicht war seine Hinrichtung barmherzig ihm gegenüber. Hätte er ewig leben können, so hätte er angesichts seines gebrochenen Versprechens, ewig leiden müssen. So war sein Tod wohl tatsächlich eine Erlösung – für ihn selbst.

Wer behauptet, Gott sei tot, muss die Illusion gehegt haben, dass er gelebt hat. Die unfruchtbare Fruchtbarkeit der Menschen besteht

44

darin, immer wieder Totgeburten zur Welt zu bringen und sich dann um den Kadaver zu balgen. Vielleicht hatte Nietzsche eine zu sehr christlich inspirierte schwache Stunde als er formulierte: „Gott ist tot!"

Als Gott starb, da weinte außer Nietzsche niemand. Nun war er ganz allein, wie das Verbrechen ohne Gesetz, wie die Freiheit ohne Grenzen. Mit wem sollte sich der Professor aus Basel jetzt noch messen?

Vergebt Ihm nicht, denn Er wusste, was Er tat. Er ist schließlich nicht dumm, sondern nur ein Sadist und falscher Heiland.

Der liebe Gott ist ein Automatenaufsteller.

Ohne die Menschen ist Gott nichts.

Wenn wir nur der Traum eines Gottes sind, ist dieser Gott vielleicht auch nur ein Traum. Aber von wem?

Alle Lehren vom Göttlichen sind unmenschlich.

Die Idee, alles hätte sich ein allmächtiger, gerechter und barmherziger Schöpfer ausgedacht, kann nur von einem Zyniker oder Atheisten kommen.

Auschwitz ist der definitive Beweis für die Existenz Gottes. Unschuldige zu vernichten, ist eines Gottes würdig. Es wäre wirklich erstaunlich, wenn die Menschen Auschwitz und Hiroshima ohne die Hilfe des Allmächtigen zustande gebracht hätten.

Wenn die Gläubigen ihren Gott retten wollen, dann müssen sie ihn verleugnen.

*

Über das Christentum und den Teufel

Was für eine Religion, die ein Folterinstrument zu ihrer Ikone machte!

Was soll man von einer Religion halten, die einem Gott huldigt, der den Menschen die Unsterblichkeit genommen und sie aus dem Paradies vertrieben hat? Ihre Kosten wären selbst dann noch zu hoch, wenn sie alle ihre Versprechen einlösen würde.

Kann man jemandem größere Verachtung entgegen bringen als christliche Nächstenliebe?

Diktatur ist die konsequenteste Form christlicher Nächstenliebe. Torquemada hatte Recht

Das Neue Testament ist eine idyllische Karikatur des Alten.

Die Christen glauben nicht an Gott, sondern an ihre Kirche(n).

Was wären die Kirchen ohne ihre Märtyrer, Heiligen und Heilande? Hätte es Judas Ischarioth nicht gegeben, die christlichen Kirchen hätte ihn erfinden müssen. Das wäre ein Geniestreich, einem Machiavelli ebenbürtig.

Auch den Himmel können die Christen nur als Hölle gestalten. Die Hölle zu bereiten, ist ihre Phantasie schier grenzenlos, beim Himmel hingegen versagt sie.

*

Diejenigen, die wider den Teufel reden, sind mit ihm im Bunde.

Nicht der Teufel, die Menschen sind der Schatten Gottes.

*

Über Nichts und Nihilismus

Wer sein Sach´ auf Nichts gestellt hat, der will weder das Leben noch den Tod der Anderen.

Alles oder nichts? Das Nichts hält weniger Enttäuschungen bereit.

Was kann man angesichts des Endes sagen, ohne Nichtssagendes zu sagen? Nichts!

Letztlich geht es um nichts. Omnia est nihil. Wenn schließlich alles nichts mehr is(s)t, dann is(s)t das Nichts alles. Nihil est omnia.

Nur die unvollkommene Vollkommenheit ist vollkommener als die vollkommene Vollkommenheit, weil die vollkommene Vollkommenheit unvollkommen ist. Somit gibt es nichts wirklich Vollkommenes und darum „ist" nur (das) Nichts vollkommen.

Nichts kann nicht sein. Nichts ist sowenig ein Attribut wie „sein" oder „wirklich". Es gibt aber auch kein Attribut, welches das Sein, das Nichts oder die Wirklichkeit beschreiben könnte. Das Nichts „ist" einfach überall – und nirgends.

Das Sein ist nicht mehr an der Zeit.

Beim Vergleich von Sein und Nichts, kommt N/nichts raus.

Jegliches Leben ist insofern unfähig zum Sein als dass es per definitionem Werden und Vergehen „ist". Heideggers Vorwurf der Seinsvergessenheit kann man daher vergessen.

Der Tod „ist" nicht das Nichts, weil das Nichts überhaupt nicht(s) ist. Es ist nicht einmal nichts, da es sonst etwas wäre. Nur Sein ist, Nichts jedoch nicht. Der Tod braucht als Voraussetzung das Leben. Das Nichts braucht – nichts. Das Nichts „ist" nichts und kann daher auch nicht besser oder schlechter „sein" als das Sein, weil es dann selbst ein Sein wäre, mithin nicht nichts, sondern das Andere des Nichts.

Das einzige Medikament, das wirklich hilft, gegen alle Krankheiten des Seins, ist Nihilin.

(Nur das) Nichts ist selbstverständlich.

Wider die Nichtsvergessenheit! Die Stille ist der Schrei des Nichts: Vergesst mich nicht!

Das Sein ist ein Kollateralschaden, eine Inkontinenz des Nichts. Nur weil das Universum des Nichts für einen Moment inkontinent war, konnte Leben entstehen. Der zweite Fauxpas ereignete sich als das Nichts unter sich sah und voller Schreck bemerkte, dass es für Augenblicke nicht dicht gehalten hatte. Der Schock war so groß, dass es sich für keine der Möglichkeiten entscheiden konnte – bis es zu spät war. So entstand der Mensch aus einer Übersprungshandlung des Nichts. Mit ihm hatte sich das Nichts etwas noch Sinnloseres aufgehalst als sich selbst. Seitdem versteckt es sich aus Scham und ward nicht mehr gesehen. Aber wir können absolut sicher sein: es kommt wieder.

Womit handelt der, der handelt? Er (ver-)handelt mit dem Nichts um den Sinn. Jeden Morgen finden sich die Händler nach dem nächtlichen Nichtstun auf dem Basar der Verzweiflungen ein, um erneut mit (dem) Nichts zu feilschen. Seit jeher gehen die Geschäfte schlecht: Sie wechseln letztlich nur Geld. Der Umsatz ist allerdings hoch. Gewaltige Mengen werden hin und her bewegt, so dass der Anschein entstehen konnte, es käme etwas dabei heraus. Es sind den Basaris des Sinns schon einige Unternehmensberater und Wirtschaftsprüfer ins Haus gekommen und haben auf die Sinnlosigkeit des Tuns hingewiesen. Irgendwann lassen sich die Verluste nicht mehr abschreiben, der Konkurs nicht mehr verzögern. Dann wird der Triumph des Nichts vollkommen sein. Gut beraten ist daher der, der „seine Sach´ auf Nichts gestellt" und von ihm Aktien erworben hat.

Es gibt Wege ins Nichts, die vor allem sollte man gehen. Auch wenn sie manches kosten, sind sie doch ein Geschenk.

Wenn jemand sagt: Das führt doch zu Nichts! Dann ist das der richtige Weg.

*

Das Programm und die Methode des Nihilismus ist Wissenschaft. Sie zersetzt jeden Sinn und jede Bedeutung. Nihilismus ist die Hermeneutik der Sinnlosigkeit.

Interessante Menschen sind immer Zyniker und Nihilisten.

Ein Nihilist is(s)t nichts. Er braucht (das) Nichts (nicht). Nihilisten lehnen auch (das) Nichts ab.

Nihilismus ist eine gute Schule ohne Götter zu leben.

Warum polemisieren alle gegen den Verfall der Werte, die Vision der Leere, beklagen den abhanden gekommenen Sinn? Weil sie das Nichts fürchten.

Selbst die Nihilisten haben sich viel zu lange mit Wertfragen aufgehalten. Man muss ihnen gegenüber souverän sein und einen guten Appetit wünschen. Souveräne Menschen essen um zu essen und fragen nicht, ob sie das dürfen.

Es sind nicht die Nihilisten und Egoisten gewesen, die die Schädelstätten der Zivilisation errichtet haben; es waren die Idealisten und Sinnstifter jeglicher Couleur. Der Humanismus ist praktischer Sadismus, weil er die Menschen seinem Sollen unterwirft. Der sadistische Nihilismus hingegen ist heimlicher Humanismus, da er mehr Verständnis für die Schwächen des Fleisches aufbringt.

*

Über Humanismus

Es gibt keine menschenverachtendere Ideologie als den Humanismus.

Was heißt schon Inhumanität angesichts der Grausamkeit des Humanismus?

Das Glanzstück des Humanismus war die Gaskammer.

Das Unmenschlichste ist meist das Menschlichste.

Wer in jedem Menschen seinen Bruder oder seine Schwester sieht, der sieht überhaupt niemanden.

Allgemeine Menschenliebe ist Promiskuität.

*

Über Rassismus

Der Rassismus wirkt so, als ob es Rassen gäbe. Er ist ihr Substitut.

Rassismus fängt nicht erst bei Mord und Totschlag an; damit hört er auf.

Rassismus ist eine Einladung zum Inzest.

Wer glaubt, er müsse ausschließlich oder im Besonderen die europäischen Grausamkeiten gegenüber Nicht-Europäern kritisieren, unterstellt, dass Europäer eigentlich besonders noble, intelligente und gute Menschen seien.

Auch der Antisemitismus gebärdet sich einstweilen als sein Gegenteil.

So wie der Antisemitismus keiner Juden bedarf, so der Antisemitismusvorwurf auch keines Antisemitismus.

*

Über Hoffen und Wünschen

Erst wenn ihr alle Hoffnung fahren lasst, erst dann habt ihr eine. Erst dann, wenn ihr nicht mehr daran glaubt, ewig zu leben, erst dann könnt ihr vielleicht richtig leben. Der Glaube an die Versprechungen ewigen Lebens ist die Voraussetzung für falsches.

Die Verzweiflung ist mehr wert als die Hoffnung.

Die Nazis haben gezeigt, dass alles möglich ist. Seither kann es keine wirkliche Hoffnung mehr geben. Wer immer noch welche hat, ist ein Trottel. Man muss immer mit dem Schlimmsten rechnen.

Hoffnung kann nur auf dem Boden von Zynismus, Nihilismus und Desillusion wachsen.

Optimismus ist die Geschichtsphilosophie der Feiglinge; das Prinzip Hoffnung, die der Schwachsinnigen. Nicht die Hoffnung stirbt zuletzt, sondern die Dummheit, gehofft zu haben.

Mutig sind die Apokalyptiker. Weder können sie Lohn für ihre Botschaft erwarten, noch ihren Triumph genießen; und geht ihre Prophezeiung nicht in Erfüllung, stehen sie blöd da.

So mancher Bogen, der geschlagen wird, erweist sich als Regenbogen.

Auch der Pessimismus bietet noch zuviel Hoffnung und Sicherheit. Pessimisten glauben, dass sich regel- und gesetzmäßig alles zum Schlechten wendet.

Die Verrückten, die auf höchste Berge steigen, weiteste Weiten durchqueren und in tiefste Tiefen hinab tauchen, werden nur von Optimisten kritisiert. Die glauben nämlich, die Menschen könnten mit ihrer Zeit etwas Besseres anfangen.

Das Prinzip Hoffnung, wie das Prinzip Verantwortung, belässt alles, wie es ist; erbaulich vielleicht für die Institutionen höheren Schwachsinns: für Universitäten, sozialdemokratische Parteitage oder evangelische Akademien. Das Prinzip Verzweiflung hingegen führt sicher in Lethargie und Fatalismus, aber es behindert das Mitmachen.

Das positive Denken, die Hoffnung und der Glaube an Emanzipation ist bloße Aufforderung zum Mitmachen, das das falsche Leben perpetuiert, während die Nihilisten es verweigern.

Hoffnung haben heißt, in die Zukunft hinein leben und dabei die Gegenwart verpassen.

Nicht wir schreiten fort, einem Morgen entgegen, sondern das Morgen kommt uns entgegen.

Etwas vom Gestern ins Heute retten und gleichzeitig das Morgen öffnen.

Mit der Diagnose unentrinnbaren Unheils – so richtig sie ist – lässt sich schlecht leben. Aber gerade die radikalsten Kritiker und schwärzesten Pessimisten wollten auf das Leben nicht verzichten. Sie haben sich nicht getötet.

Wozu leben, wozu schreiben, wozu publizieren? Ist es vielleicht die Ahnung, etwa die Hoffnung, auch die Diagnose beherberge noch einen letzten Rest an Inkonsequenz?

Es mag durchaus sein, dass der Wunsch der Vater vieler Gedanken ist. Aber warum sollte gerade er, der jede faktische Realität transzendieren kann, keine intelligenten Kinder haben? Und was ist eigentlich mit der Mutter?

Das Treiben nach Norden wird alle Hoffnung scheitern lassen. Am Ziel unserer Expeditionen ins Eis werden wir nichts als leere Zettel in Händen halten. Wer sollte uns auch schreiben?

Jede Utopie ist eine Dystopie.

*

VI

Über Körper und Leib

Die lautesten Organe des Menschen sind die am meisten beschwiegenen.

Leiblichkeit bietet die Möglichkeit, wie das Bewusstsein, der Enge des Körpers zu entfliehen; allerdings ohne ihn zurück lassen zu können.

Subversion liegt nur im Leiblichen und nicht im Denken oder Reden, wie uns die Freunde der Meinungsfreiheit glauben machen wollen.

In dem Wort „Fortbewegungsmittel" kommt deren tiefere Bedeutung zum Tragen: mehr Mittel zur Flucht, zum „Fort von hier!" als Mittel, um ein bestimmtes Ziel zu erreichen. Der moderne Mensch will immer woanders sein als dort, wo er sich gerade befindet. Immer gibt es andere Orte, wo wir sein könnten. Die Priorität, die wir dem Geistigen beimessen, kommt daher, dass es weiter reicht als die Körperlichkeit. Sie transzendiert uns ins Weite, überschreitet alle Grenzen, übersteigt alle Schranken. Sie kennt zwar auch die Enge, aber im Gegensatz zur Leiblichkeit ist sie daran nicht gebunden. Der Leib reicht tiefer, der Geist aber weiter.

In der Tat: Man kann sich auch selbst in die Enge treiben.

Merkwürdig: Der Geist gilt alles, der Körper wenig, der Leib nichts. Und doch werden die stigmatisiert, die ihren Körper verkaufen, nicht aber die, die ihren Geist zu Hofe tragen.

Der Intellekt ist das Grab der Leiblichkeit. Bloße Vernunft ist Knechtschaft. Beherrsche das Hirn in dir und du wirst frei sein (können). Nicht der Geist ist der erstrangige Zugang zur Welt, sondern der Leib. Auch Sprache ist nur ein unzureichendes Instrument zum Erfassen der Realität. Schon das Wort „Realität" ist zu statisch für etwas, was ständig in Bewegung ist. Musik ist in ihrer Dynamik wesentlich „dichter" dran. Sprache ist der Schatten eines Traumes, der Musik heißt. Da Tanz und Musik für den Leib am ergreifendsten sind, sind sie vor allem unser Tor zur Welt. Musik und Tanz kann man nicht missverstehen; sie lügen auch nicht. Leben ist Bewegung und Rhythmus; deshalb kommen ihm Tanz und Musik am nächsten.

*

Über Intellekt und Intellektuelle

Vor gelungener Kunst muss der Intellekt kapitulieren.

Intellektuell ist nur, wer sein Maß in sich selbst und seiner Freiheit findet, seine Sach´ auf Nichts gestellt hat. „Im Auftrag von ...“ zu handeln oder gar ein „organischer Intellektueller“ zu sein, ist ein Widerspruch in sich. Intellektuell kann man nur als Egoist sein.

Intellektuell ist, wer abstrahieren und seine eigene Lebenswelt transzendieren kann; die meisten Intellektuellen können das nicht.

Das Schrecklichste, was man einem Intellektuellen nachsagen kann ist, dass seine Aussagen transparent und klar sind. Sagt man über ihn aber, seine Gedanken seien dunkel und geheimnisvoll, ist das für ihn das größte Lob, das man ihm machen kann.

Intellektuelle sind Menschen, die glauben, sie hätten eine eigene Meinung. Dabei sind sie bloß die Lautsprecher der veröffentlichten.

Die Aufklärung muss(te) deshalb scheitern, weil das Selbstdenken für die meisten Menschen, insbesondere die Intellektuellen, eine Zumutung ist.

Die so genannten Intellektuellen machen viele Worte um die Selbstreflexion (in) der westlichen Welt. Das ist in der Tat berechtigt. Allerdings sind die meisten von ihnen keine Intellektuellen, weil sie nämlich mit dem „Selbst“ der Reflexion ein kollektives und nicht sich selbst als persönliches Individuum meinen. Deshalb müssen sie sich auch gar nicht mit ihren ideologischen Missgeburten befassen, sondern sie konzentrieren sich ganz auf die Anderen innerhalb dieses Selbst, auf den politischen und ideologischen Gegner im Westen. In ihrem eigenen, nicht reflektierten Paternalismus, sind nicht-westliche politische und ideologische Richtungen keine interessanten Gegenstände der Auseinandersetzung. Nicht-Westler gelten diesen Intellektuellen nur als Opfer des Westens; und darum suchen sie die Herausforderung nur im „Selbst“ des Westens. Solche Freunde wünscht man den Nicht-Westlern nicht.

Freiheit ist zu anspruchsvoll für Intellektuelle; und ein Ärgernis, das sie nicht kontrollieren können.

Wer heute für Geist und Vernunft eintritt, muss gegen die Intellektuellen arbeiten.

Es sind die Intellektuellen selbst, die – sich bewusst oder nicht auf die marxistische Arbeitswertlehre stützend – ihre eigene Tätigkeit negieren, wenn sie sich auf den Widerspruch von Kapital und Arbeit berufen. Pol Pot hat es gefreut.

*

Über Denken und Denker

Häufig sind wir so voll im Kopf, dass für uns nichts mehr übrig bleibt.

Viele Menschen laufen herum als hätte man sie geköpft.

Transzendenz heißt, wir sind in unseren Gedanken immer schon ganz woanders.

Gedanken sind Erfahrungen aus zweiter Hand – und trotzdem: Wenn man wenigstens einen interessanten Gedanken pro Tag in seinem Leben hat, dann war er, dann war es nicht ganz umsonst. Vor allem kann so jemand von sich sagen, dass er sich nicht gelangweilt hat. So ein Gedanke reißt die träge Dauer bloßen Dahinlebens ab.

Um mit einem genialen Gedanken etwas anfangen zu können, braucht man also mindestens zwei.

Was die größten Denker auszeichnet ist, dass sie gescheitert sind.

Es gibt durchaus Zwerge, die überragen alle(s).

Die Denker haben gar nicht wirklich gelebt, sondern nur denkend existiert. Die Vergeistigung predigend, hat der Platonismus im Abendland seinen Siegeszug angetreten – und doch alles verspielt.

Es ist wohl richtig, dass Generalisten häufig weiter denken, aber auch, dass uns Spezialisten weiter bringen.

Wer anfängt zu denken, der ist für immer verloren.

Das Denken ist nur ein Traum des Fühlens. Die Künste, die Empfindungen, die Phantasie sind das Leben – nicht die Wissenschaft. Die Erkenntnis ist nur dazu da, dass wir uns ihnen nicht opfern. Das Leben ist es nicht wert, dafür zu sterben.

Man sagt, der Kopf wäre rund, damit das Denken die Richtung ändern könne. Tatsächlich bewegt es sich meistens im Kreis.

Interessant sind in intellektueller Hinsicht nur die gefährlichen, verminten Gebiete, in denen man nie weiß, ob man im nächsten Augenblick nicht ein ganz Anderer ist, ob man überhaupt noch sein wird. Die harmlosen Gebiete bestätigen hingegen nur die eigene Meinung, die eigenen Standpunkte und Vorurteile. Auf jeder intellektuellen Reise kommt man irgendwann an eine Grenze, vor der man entweder in Ehrfurcht erstarren kann oder man überschreitet sie – auch wenn man vielleicht keinen Pass hat.

Ein Standpunkt ist immer falsch, weil sich Welt und Denken ständig in Bewegung befinden.

Das Denken, das immer nur von Grenzen spricht, ist selbst begrenzt.

Wenn man darüber, worüber man nicht reden kann, schweigen muss, dann muss man wissen, worüber man schweigt. Was man aber weiß, darüber kann man auch reden.

Am interessantesten an den Menschen ist, wovon sie schweigen.

Denken können alle Menschen, nachdenken nur wenige.

Für so manchen ist das Denken ein Handicap.

*

Über Dummheit

Was könnte unerträglicher sein als ein Immer-an-das-Gute-Glaubender in seiner ganzen Dummheit?

Was die Menschen von ihren toten Kriegshelden wirklich halten, zeigt sich immer daran, wie sehr die nächste Generation über deren Dummheit lacht.

Die meisten Menschen sind nicht dumm, sie sind Spezialisten – das ist viel schlimmer.

Bevor man sich über die Unwissenheit Anderer mokiert, sollte man sich vergewissern, dass es nicht die eigene ist.

*

Über Lernen und Lesen

Gute Ratschläge helfen nicht weiter.

Wer etwas Neues lernen will, muss die Alten studieren.

Kluge Menschen lernen mehr von ihren Feinden als von ihren Freunden.

Wer sprechen lernt, verlernt das Nicht-Sprechen.

Es darf nicht heißen: Wer nicht lernen will, muss fühlen. Im Gegenteil: Wer lernen will, muss fühlen. Wer nicht fühlt, lernt auch nichts.

Die Lehren, die man aus der Geschichte ziehen kann, sind die, dass es keine gibt. Wer meint, man könne darüber hinaus etwas aus ihr lernen, der hat nichts gelernt.

*

Die ersten Jahre zählen nicht, weil man da noch nicht lesen kann.

Leider muss man das, was Andere schon vor langer Zeit geschrieben haben, wiederholen, weil niemand mehr alte Bücher liest.

*

Über Begriffe, Worte und Meinungen

Es sind weniger die Bilder, die die Realität konsumieren, viel eher sind es die Begriffe. Begriffe sind niemals lebendig; sie sind immer tödlich.

Man braucht bei der Benutzung von Begriffen keineswegs etwas begriffen zu haben. Wer wollte etwa behaupten, den Begriff des Unbegreiflichen begriffen zu haben?

*

Ohne die tatsächliche Macht des Wortes zu unterschätzen, sie kann durchaus verletzen, muss man doch zugestehen, dass das Abendland wortfixiert ist („Am Anfang war das Wort!") und diese Macht überschätzt. Es sind letztlich Taten, die töten und nicht die Wörter.

Das freie Wort zählt nur etwas, wenn es verboten ist.

Manchmal kann es sein, dass man sein Wort hält, obwohl man es gebrochen hat.

Wer das Recht auf freie Meinung für sich in Anspruch nimmt, der hat auch die Pflicht, sie zu erklären.

Wenn man jemandem etwas auf den Kopf zusagt, sollte man auf dessen Hände achten.

*

Über Wachen und Schlafen

Der traumlose Schlaf ist das anwesende Nichts im Leben.

Um aber träumen zu können, müssen wir schlafen. Der Schlaf produziert jedoch Ungeheuer, wie uns Goya zeigte; allerdings nur der Vernunft. Phantasten schlafen ruhiger.

Wer nachts gut schlafen will, der sollte wenigstens tagsüber ein paar Stunden wach sein.

Nur im Schrecken sind wir ganz wach.

Wer den Hasen weckt, muss damit rechnen, dass der als Löwe aufwacht.

Jeder der eingesehen hat, dass auch der Selbstmord keine Lösung ist, weil er sich aus der Hoffnung speist, im Drüben wäre es besser, sollte möglichst viel vom Leben verschlafen. Man verpasst nicht nur nichts, sondern während der Wachende jeden Tag in der gleichen Welt zuhause ist, so öffnet sich dem Schlafenden jede Nacht eine neue.

Du verschläfst nichts, wenn du nichts tust; aber du vertust etwas, wenn du nicht schläfst.

*

Über das (Un-) Bewusste und die Seele

Das Sein bestimmt das Bewusstsein – leider muss man sagen.

Wenn es stimmt, was Schopenhauer sagte, dass mit dem Bewusstsein auch die Qual zunimmt, dann haben die meisten Menschen eine schmerzfreie Existenz.

*

Ob die Psychoanalyse das Unbewusste entdeckt oder erfunden hat, muss sich erst noch erweisen.

Mit dem psychoanalytischen Vokabular haben die Menschen ein ganzes System von Ausreden für ihre Bösartigkeit.

*

Die Seele ist die Fäkale des Leibes.

Vielleicht ist die Seele aber auch das Natron, mit dem die Götter ihr Sodbrennen bekämpfen.

Eine „Seele" kann man nur als Metapher gestatten.

*

VII

Über Philosophie

Alle Einübungen in das Sterben taugen nur, wenn sie *nicht* gleichzeitig Einübungen in das Leben sind. Das richtige Leben hätte nämlich kein Ende. Solange wir sterben müssen, kann es kein richtiges Leben geben. Solange alles ein Ende hat, solange ist alles sinnlos und falsch. Fast alle Philosophie war bisher eine Apologie falschen Lebens, welches sie als richtiges wähnte. Alle Philosophie hat den Tod bisher lediglich verschieden interpretiert, es gilt jedoch, ihn abzuschaffen.

Philosophie heißt, dem Tod ins Auge sehen. Wer nicht philosophiert, kann das nicht.

Philosophie ist die Brücke zwischen Denken und Erleben.

*

Die Philosophen und die ihnen Geistesverwandten haben die Welt nicht nur verschieden interpretiert, sondern überinterpretiert, ihr einen jeweiligen Sinn beigelegt, den sie a priori nicht hat.

Phänomenologie ist eine Philosophie, bei der das Bewusstsein versucht, sich selbst zu beobachten.

So schwadronieren sie daher, die kleinen und großen Philosophen und Denker dieser Welt, lassen es sich gut gehen auf ihren verbeamteten Leerstühlen und in ihren subventionierten Dichtervillen, mit belle vue auf die Elbe oder den Englischen Garten, und mokieren sich über den Materialismus der Habenichtse. Seit vorsokratischen Zeiten hören wir von ihnen, wir sollten nicht nach materiellen Gütern streben, unseren Nächsten lieben, uns um die öffentlichen Angelegenheiten kümmern, keine Egoisten sein und dergleichen mehr. Hätten sich die Menschen weniger nach ihren Philosophen und (un-) berufenen Dichtern gerichtet, wären die Schädelstätten der Zivilisation vielleicht etwas kleiner geraten.

Die alte philosophische Frage: „Woher kommen wir? Wer sind wir? Wohin gehen wir?", sollte man ersetzen durch: „Was machen wir hier eigentlich?".

*

Über Skepsis, Zweifel und Erkenntnis

Skepsis gegenüber der Rationalität, ohne ihr zu entsagen. Sympathie für die Metaphysik, ohne ihr zu verfallen.

Zweifle an allem, glaube niemandem, misstraue jedem, akzeptiere nichts – aber respektiere alles.

Was bringt es, den Zweifel in die Welt zu setzen, wenn es doch nur in Verzweiflung endet?

„Alles ist relativ!" ist eine absolute Aussage. Relatives setzt immer Absolutes voraus.

*

Weil es nach Nietzsche keinen süßeren Honig als die Erkenntnis gibt, ist ihm der – keineswegs angenehme – Sinn des Lebens das permanente Abräumen von Irrtümern; vor allem auch über sich selbst. Wenn sich dann irgendwann der Eindruck aufdrängt, man stehe endlich vor der nackten Wahrheit, dann ist man über deren vulgäre Blöße verzweifelt.

Was bringt uns die Erkenntnis, wenn sie uns das Leben nur noch schwerer macht?

Man muss nicht alles wissen, man muss nur weiterwissen.

Naturalistischer Fehlschluss: Aus der Erkenntnis, dass das Ganze mehr sei als die Summe seiner Teile, wird der normative Primat des Ganzen.

Das Ganze ist nicht mehr als die Summe seiner Eigenschaften.

Der Satz, das Ganze sei mehr als die Summe seiner Teile, ist so witzig wie die Erkenntnis, mehrere Äpfel machten einen Haufen Äpfel.

Wer da behauptet, man könne Äpfel und Birnen nicht miteinander vergleichen, der soll einmal das Kunststück verraten, wie er behaupten kann, dass ihm die Birnen *besser* schmecken.

Es war die Erkenntnis, die den Tod in die Welt gebracht hat. War das vernünftig? Es führt kein Weg durch die Eiswüsten der Abstraktion; nur in sie hinein.

Allzu oft steht die Kenntnis der Erkenntnis im Wege.

Wir haben keine Möglichkeit, Explikationen rückgängig zu machen; einmal explizit, immer explizit.

Jede Erkenntnistheorie endet in einem performativen Widerspruch.

Es gibt keine wahren Aussagen, die nicht unter Vorbehalt stehen. Kategorische Sätze sind Lügen. Jede eindeutige, indikative Aussage hat bloßen Unterhaltungswert.

Keine Erfahrung oder Erkenntnis über einen Menschen kann so umfassend sein, dass sie dazu berechtigte, zu sagen, er sei dieses oder jenes. Auch in einer eng umgrenzten Situation ist er niemals nur dies oder das. Eine solche Aussage können wir nicht einmal über uns selbst machen.

Die Dialektik kommt in keiner Synthese mehr zur Ruhe, nicht einmal in einer negativen.

*

Über Vernunft

Was die Vernunft sei, das regelt sie mit sich selbst. Vor keiner anderen Instanz will sie sich legitimieren. Der Richter in Sachen Vernunft gegen Glauben kann aber nicht die Vernunft (oder der Glauben) sein.

Vernunft wird jedoch erst vernünftig, wenn sie ihre Negation nicht ausgrenzt.

Nicht eben selten erweisen sich die Kritiker an der „Zerstörung der Vernunft" selbst als deren Zerstörer.

Die Vernunft ist der theoretische Maßstab unseres Handelns; praktisch spielt sie jedoch kaum eine Rolle.

Vernunft ist nicht das Gegenteil des Wahnsinns; sie ist ihr Bestandteil. Wo die Vernunft *herrscht*, ist der Wahnsinn Methode geworden.

Es hat lange gedauert, bis die Menschen vernünftig geworden sind und mit den Genoziden beginnen konnten.

Wenn jemand zu dir sagt: Sei doch vernünftig! Dann zieh das Messer.

Die Partisanen der Vernunft kommen ihr a tergo.

Auch die Vernunft hat ihren Grenznutzen.

Wer der Vernunft gehorcht, d.h. nach allgemeinen (oder persönlichen) Gesetzen sich richtet, der ist nicht frei und souverän.

Die Vernunft ist bei den meisten Menschen nur ein Missbrauch ihrer Fähigkeiten.

Die Vernunft ist ein kostbares Gut, darum sollte man sparsam mit ihr umgehen.

Unvernünftiges gelten lassen, kann sehr vernünftig sein. Wer sich der Vernunft vollständig ausliefert, wird in ihr untergehen.

Langsam aber sicher scheint sich die Einsicht durchzusetzen, dass es keine gibt.

Mit jedem Geistesakt versuchen wir der Unmittelbarkeit des Paradieses wieder näher zu kommen – um sogleich gewärtig zu sein, dass wir uns jedes Mal einen Schritt weiter von ihr entfernen. Das Denken der Vernunft ist kein Weg ins Paradies.

Den Verstand verlieren hieße, der Vernunft Platz machen. Solche Vernunft ist die hohe Kunst, auch am Zweifel zu zweifeln, ohne ihn aufzugeben.

Vernunft ist etwas für jene wenigen Gelegenheiten, wo man mit der Intuition nicht mehr weiter kommt.

*

Über Rationalismus und Rationalität

Rationalismus ist die Ideologie von Phantasten; allerdings von der Sorte, die selbst bei ihren eigenen Träumen nur in der zweiten Reihe sitzen.

Rationalisierung und Verwissenschaftlichung des Alltags ist der Traum von Irrationalen. Vom Irrationalismus des Alltags unterscheidet er sich nur durch seine *systematische* Dummheit.

Es ist bloß der Glaube der Rationalisten, die Welt wäre rational und man bräuchte die Menschen nur mit den besseren Argumenten zu überzeugen und alles wendete sich zum Guten. Die Vernünftigkeit der Welt ist eine durch nichts beglaubigte, schlechte Metaphysik. Nicht nur das Landleben befördert Idiotie.

Leider lassen sich die meisten Menschen eher durch schlechte als durch gute Argumente nötigen; sofern sie überhaupt einem zugänglich sind.

Wer andere Menschen ergreifen will, der muss sie beschimpfen, denn Argumenten sind nur die wenigsten zugeneigt.

Medizinische und pädagogische Beratungsresistenz ist eine Form rationaler Ignoranz.

*

Über Wissenschaft und Positivismus

Glauben und Wissen sind gleichermaßen Symptome der Angst.

So wie die Kirchen bloße Religionsverwaltung sind, so sind die Wissenschaften Verwaltungen der Phantasie.

Wissenschaft ist produktiver Irrtum.

Das gelehrte Wissen befördert oftmals größere Dummheiten als das Unwissen. Nur allzu oft besteht die Gelehrsamkeit aus Spiegelfechterei und Donquichotterie – ohne allerdings den Witz und die Souveränität des Ritters aus der Mancha zu besitzen.

Auch an Beweise muss man glauben.

Die Wissenschaften basieren auf Grundlagen, die selbst nicht wissenschaftlich sind.

Die Modernen haben lediglich die Gesetze Gottes durch die der Natur ersetzt. Determiniert und vorhersehbar muss alles sein.

Wissenschaft ist Surrealismus in technizistischem Vokabular.

Wissenschaft kennt keine Moral. Anders gesagt: Sie kennt viele; und alle sind gleichgültig. (Nur das) Nichts ist ihr selbstverständlich.

*

Wenn du eine Lösung gefunden hast, gib sie einem Wissenschaftler, er wird das Problem dazu schon finden.

Keine objektiv(istisch)e Wissenschaft kann an die Subjektivität heranreichen.

Nicht dass sich die Wissenschaften zu weit von der durchschnittlichen Lebenserfahrung entfernt haben, ist das Problem – im Gegenteil ist das ihr Sinn und Zweck –, sondern dass sie auch hier absolute Autorität beanspruchen.

Erklären ist ein Surrogat für Verstehen und nicht umgekehrt. Und schließlich hat derjenige, der etwas erklären kann, noch lange nichts verstanden.

Die Logik ist langweilig, weil sie die ewige Wiederholung predigt.

*

Wer den Positivismus hinter sich lassen will, der muss maßlos sein, denn das Proprium des Positivismus ist das Messen.

Emanzipation heißt Trennung: Aus eins mach zwei! Am Anfang ist das Zählen, davon hat sich der Emanzipationsgedanke bis heute nicht erholt: Nur das Zählbare zählt.

Man versteht eine Wüste nicht, indem man die Sandkörner zählt.

*

Über Soziologie und Sozialpädagogik

Die hohe Schule demokratischen Regierens besteht darin, die Bürger als unmündige Kinder zu behandeln, ihnen aber zu erzählen, sie wären selbstverständlich schon groß und erwachsen. Die Soziologen sind den demokratischen Politikern mit großer Kunstfertigkeit zur Seite gesprungen und nennen Herrschaft jetzt „funktionale Differenzierung". Die Soziologie hat es weit gebracht, seit sie an den Fleischtöpfen zugelassen ist. Aufklärung macht sie uns schmackhaft als dünne Wassersuppe.

Soziologie ist eine Veranstaltung, die sich aufgeklärte Gesellschaften leisten, um sich von ihr einige unangenehme Wahrheiten (und Lügen) sagen zu lassen. Gäbe es diese Gesellschaften nicht, bräuchten wir auch keine Soziologen.

Soziologie ist die Zoologie des Menschen.

Soziologie heute ist „wissenschaftlicher" Sozialdemokratismus.

Sozialpädagogik ist das Studienfach, in dem auch diejenigen untergebracht werden, die eigentlich zu einem Studium unfähig sind.

*

Über Sonne, Licht und Finsternis

Es ist nicht die Sonne, die die Schatten wirft.

Wer da meint, dass das Licht die Erleuchtung bringe, der sollte nicht vergessen, dass uns am Tag nur eine Sonne scheint, in der Nacht aber tausende.

Wenn dir also irgendwann einmal ein Licht aufgeht, überzeuge dich davon, dass es nicht dein eigenes Blendwerk ist. Wer zuviel ins Licht schaut, kann sehr schnell zum Schatten seiner selbst werden. Wer in den Abgrund geschaut hat, den tröstet sowieso kein Licht mehr.

Wer direkt in die Sonne schaut, der sieht nicht nur nichts, der wird bekanntlich auch noch blind.

Das Licht kann so hell werden, dass man einen schwarzen nicht von einem weißen Faden unterscheiden kann.

Nicht selten verbreiten Irrlichter große Helligkeit.

Ist nicht der Lichtbringer die dunkelste Gestalt?

Die Erleuchteten sind immer die ersten in der Finsternis.

Erleuchtung kann man nur erlangen, wenn man in die Dunkelheit hinab steigt. Dort wo es am hellsten und aufgeklärtesten ist, dort suche das Herz der Finsternis.

Wie sollte man dem schwarzen Raben Nevermore nicht den Vorzug geben vor der blöden weißen Taube?

Kämpfende Einhörner gebären die Finsternis.

Es wird nicht heißen, wie in Da Nang: Der letzte macht das Licht aus! Es wird heißen: Der letzte macht das Licht an!

*

Über Aufklärung

Das Licht der Aufklärung ist nicht schwarz oder weiß, sondern grau.

Aufklärung wird uns ans Licht bringen. Im hellsten Licht erstrahlte sie in Hiroshima und Nagasaki.

Das ist die Dialektik der Aufklärung: statt Erlösung Endlösung.

Man müsste die Verräter als große Aufklärer feiern, wenn denn die Menschen sich aufklären ließen.

Aufklärung ist der Glaube an Aufklärung – ein Selbstmissverständnis.

Reflexion ist Konstruktion.

Jede Aufklärung verbirgt etwas.

*

Über das Wahre, Schöne und Komische

Wahrheiten findet man nur hinter dem Licht; dorthin muss man die Menschen führen.

Letztlich gibt es keine Wahrheit, sondern nur Wahrscheinlichkeiten.

Wir können nicht anders als uns immer nur im Ungefähren zu bewegen.

*

Schönheit ist eine Karikatur des Hässlichen.

*

Es gibt Formen von Albernheit, die sind zu ernst, als dass man sie ertragen könnte.

Wer alles komisch nimmt, entgeht allen Abgründen – nur denen der Komik nicht.

*

Über Handeln und Faulheit

Alle Handlungstheorien setzen auf Rationalität, dabei ist (jegliches) Handeln irrational. Handeln ist etwas unglaublich nutzlos Nützliches.

Wer trotzdem handelt, tut es aus Verzweiflung oder er weiß es nicht besser.

Wer handelt, der ist bloß ein Handlanger; aber wer leidet, der ist nur ein Leidtragender.

Es wird beklagt, dass die meisten Menschen erst handeln und dann denken. Aber anders kämen wir in dieser Welt nicht zurecht, wie so mancher realitäts-untaugliche „Denker" zeigt. Weise Menschen wissen a priori, wie sie handeln müssen.

Wenn du – wie Lenin – wissen willst: Was tun? Dann frag den Großinquisitor oder das Orakel. Die Anderen tun derweil, was sie können.

Der Zweck heiligt jedes Mittel, so wird genörgelt. Was aber sonst sollte die Mittel heiligen? Etwa die Mittel?

Der Kampf für eine verlorene Sache ist allemal honoriger als sich auf die Seite der (vorläufigen) Sieger zu schlagen. Starrsinn kann auch ein Antidot gegen Opportunismus und Korruption sein. Handeln ist heroischer Realismus: heroisch, weil es trotzdem auf die Sache setzt, realistisch, weil es weiß: alles umsonst!

Man ist immer sehr schnell dabei, das eigene Versagen äußeren Umständen und das der Anderen ihrem miesen Charakter zuzuschreiben.

Unendlich viele Menschen sind den ganzen Tag beschäftigt gewesen und haben doch nichts getan.

*

Lob des Nichtstun: Nur meine Bequemlichkeit ist noch größer als meine Wut; sie hält mich auch vor den schrecklichsten Taten ab. Faulheit und Bequemlichkeit – vielleicht ein Auswuchs der Dekadenz – haben Schlimmeres verhütet. Man sagt, wer handle, der mache Fehler, wer nichts tue sei ein faules Schwein. Erstaunlich, dass diese Erkenntnis noch niemand zum Anlass genommen hat, die Faulen zu loben und die Fleißigen zu ächten.

Wirklich faul sind nur die, die sich zu Tode arbeiten. Sie sind denkfaul, weil einzig unablässige Mühe davor bewahrt, zur Besinnung zu kommen. Nur wer sich die Mühe macht, von der Mühe zu lassen, für den könnte es Tag werden.

*

VIII

Über Ethik und Moral

Nachdem die Priester emeritiert wurden, fühlen sich nun die Ethiker ge- und berufen, die alten Vorurteile zu beseitigen, um ihre eigenen an deren Stelle zu setzen. Ethik ist der Statthalter der verwalteten Religion nach deren Ende.

Ethik ist der Versuch, Moral und Recht miteinander zu vereinbaren. Das ist dann allerdings beider Ende.

Mittels der Ethik wird die Ästhetik eingefroren: Die Wahrnehmung wird vereist.

Werte einzufordern ist so sinnlos wie den Regen zu verbieten.

*

Nur das Gute muss sich legitimieren. Das Böse versteht sich von selbst.

Auch das Gute ist letztlich nur *eine* Idee.

Edel sei der Mensch, hilfreich und gut! – so schnitzt man Holzköpfe, die bei kühler Witterung ein wärmendes Feuer nähren.

Auch die Moral blendet uns nicht, schon deshalb nicht, weil sie kein Licht ist.

Moralisch kann man gegenüber konkreten Menschen, aber nicht gegenüber Organisationen und Institutionen sein. Wer sich ihnen gegenüber moralisch verhält, verhält sich damit niemanden gegenüber moralisch und ist daher unmoralisch.

Welche Moral erlaubt es, demjenigen, der mehr hat, etwas wegzunehmen, um es demjenigen zu geben, der weniger hat?

Nur (sozial)moralische Menschen kann man beherrschen und erpressen.

Vielleicht ist ja der moralische Mensch deviant.

Entgegen allen Verlautbarungen verhalten sich die meisten Menschen so, wie (sie glauben, dass) es von ihnen erwartet wird. Sie sind moralisch; das ist ihr Problem. Darum sind sie immer auf der Verliererseite; im Gegensatz zu den wenigen Unmoralischen, die ihnen Moral predigen.

Die Gesellschaft (ge)braucht die Moral, wie ein Infanterist sein Sturmgewehr.

Die moderne Gesellschaft ist deshalb eine moralisch verkommene, weil sie – entgegen ihren eigenen Behauptungen – auf Zwang und nicht auf Freiwilligkeit beruht.

*

Über Würde, Toleranz und Respekt

Das Unwort gleich mehrerer Jahre ist „Würde".

Den Satz, die Würde des Menschen sei unantastbar, kann man durchaus auch als Drohung lesen. Denn „der Mensch", das ist die abstrakte *Idee* des Menschen; es sind nicht die empirischen gemeint. Denn die Würde des (empirischen und nicht des abstrakten) Menschen ist in seinem Eigentum begründet – zunächst und vor allem an sich selbst. „Mein Bauch gehört mir!" war deshalb die nur allzu verständliche Parole der Frauen, die sich nicht zu Funktionären der Demographie degradieren lassen wollten). Deshalb muss das Eigentum unantastbar sein. Jeder Eingriff, ob legitimiert durch nationale oder soziale Sicherheit („Eigentum verpflichtet!"), durch Allgemeinwohl oder öffentliches Interesse, ist abscheulich, weil er die Menschen ihres Schutzes, ihrer Unabhängigkeit und ihrer Sicherheit beraubt. Sicherheit hängt von Freiheit und Eigentum ab. Wer das Eigentum abschaffen will, schafft die Freiheit ab.

Die Menschen sind keine bloßen Funktionäre der Menschheit.

Die Würde des Menschen besteht darin, keine Würde haben zu müssen.

Man hat manchmal den Eindruck, das Leben sei unter der Würde der Lebenden.

*

Toleranz ist ein Gebot, dass nur in einer etatistischen Gesellschaft notwendig ist.

Antidiskriminierungsgesetze, die nicht den Staat, sondern die Bürger zum Adressaten haben, sind das genaue Gegenteil von Toleranz.

Ist erzwungene Toleranz eine?

Könnte es nicht sein, dass die Repressivität der Toleranz größer ist als die der Intoleranz? Oder ist die Möglichkeit, dass sich die Repression als ihr Gegenteil tarnt, völlig ausgeschlossen?

Eine Gesinnung vor Gericht zu stellen ist so abartig, wie das von der Gesinnung behauptet wurde.

Respekt ist das, was diejenigen Leute verlangen, denen er nicht zusteht.

*

Über Rache und Feigheit

Der einzig legitime Grund, jemanden zu töten, ist Rache. Jeder hat ein „Recht" auf Rache. Rache ist das Gefühl, dass wir auch noch Individuen und nicht nur soziale Tiere sind; domestiziert von den Institutionen der Gesellschaft. Tiere kennen keine Rache, sie ist ein menschliches Gefühl. Rache zeigt uns, dass wir von den organisierten Menschen, die man Gesellschaft nennt, noch nicht vollständig entmündigt sind und ein eigenes, wenn auch nur für Momente, selbstbestimmtes Leben führen können. Wie kann das Individuum Selbstachtung haben, angesichts seiner Abrüstung? Wer auf Rache und Vergeltung verzichtet, der hat keine Selbstachtung.

Rache ist eine große Stärke und eine Tugend, weil man sie gegen den Widerstand der ganzen Gesellschaft durchsetzen muss.

*

Feige zu sein, ist manchmal ebenso mutig, wie es manchmal feige ist, mutig zu sein.

Vernunft der Feigheit: Das Risiko lohnt nicht.

*

Über Versprechen und Absichten

Jedes Versprechen ist Verrat.

Politische Versprechen werden immer gebrochen.

*

Die gute Absicht scheitert regelmäßig an sich selbst.

Nie sind die edlen Absichten edel.

Leider bleibt ja den meisten Sinnstiftern erspart, noch erleben zu müssen, welche Konsequenzen ihr Tun und Sagen hat(te). Auch durch die beste Absicht wird die schlechte Tat nicht besser. Die Phrase: „Das habe ich (so) nicht gewollt!" diskreditiert auch die Theorie, weil sie ihre möglichen Konsequenzen nicht mitbedacht hat.

*

Über Verantwortung, Verpflichtung und Ansprüche

Verantwortung für einen Anderen zu übernehmen ist ein verantwortungsloses Versprechen. Die Verantwortung für den Anderen kann man auch als Ermächtigung verstehen: weil ich (besser) weiß (als er selbst), was gut für ihn ist.

Es kann aber auch vorkommen, dass man Verantwortung übernimmt, wenn man sie abgibt oder verweigert.

Auch Verpflichtungen, die man freiwillig und sogar mit Begeisterung eingeht, werden irgendwann zum Zwang.

*

Woraus begründet sich der Anspruch, Ansprüche an Andere zu haben? Das eigentliche gesellschaftliche Problem ist nicht das Unvermögen, es nicht besser zu können oder zu wollen, sondern daraus Ansprüche gegen Andere abzuleiten.

Man sollte schon wollen, was man kann, aber auch können, was man will.

Ansprüche kann man nur an sich selbst haben und geltend machen.

*

IX

Über Beziehungen

Die meisten Beziehungen gehen nicht zu Bruch, sie versiegen und versickern allmählich.

Degoutant der Begriff der „Lebensabschnittspartnerschaft", weil er die Trennung zum Lebensstil und das Scheitern zum Programm erhebt.

Wenn überhaupt, dann sollte man sich nur auf Fremde verlassen; sowie man jemanden näher kennen lernt, kann man ihm nicht mehr trauen.

Vertrauen und Verrat sind keine politischen Begriffe, sondern zwischenmenschlicher Beziehungen.

Wer selbst sentimental ist, kann die Sentimentalität Anderer nur schwer ertragen.

Intimität entlastet nicht, sie belastet; deshalb ist sie nur mit wenigen möglich.

Der Inzest war nie tabu; es war nur tabu, darüber zu sprechen.

*

Über Gemeinschaft und Gesellschaft

Man kann die Menschen nur von der Gesellschaft her verstehen; sie sind jedoch nicht auf sie reduzierbar.

Das Perverse jeglicher Vergesellschaftung besteht, darin, dass man ständig daran gehindert wird, das zu tun, was man eigentlich tun müsste.

Absolut unerträglich ist eine Gesellschaft geworden, wenn man nicht mehr weg, wenn man nicht mehr das Weite suchen kann.

Jede Despotie hindert ihre Untertanen am Weg! Deshalb: Vorsicht vor der Weltgesellschaft und ihrem Staat!

Nur wen die Gesellschaft interessiert, der kritisiert sie. Warum aber sollte sie interessieren?

Es gibt keine (legitimen) gesellschaftlichen Interessen, sondern immer nur (illegitime) Interessen an der Gesellschaft.

Gesellschaft ist die Zusammenrottung aller, von der Horde, über den Staat bis zur Weltgesellschaft, gegen alle (Einzelnen). Von ihr, nicht von den Einzelnen, geht die größte Gefahr für die Freiheit aus.

Die Gesellschaft hat es leichter mit mir als ich es mit ihr: Sie muss nur einen Verrückten ertragen, ich hingegen viele.

Wenn uns die Feinde ausgehen, dann zerfällt die Gesellschaft (endlich).

Gemeinschaft ist kaum möglich, weil Vertrauen riskant ist. Gesellschaft kommt dagegen mit einem Minimum an Vertrauen aus. Das Vertrauen, das sie braucht, ist das ins Geld. Schon die bloße Idee, aus (vielen) Menschen eine Gemeinschaft zu formen, ist vom Terror kontaminiert.

Prominenz, das ist die Inszenierung einer Dorföffentlichkeit in modernen Massengesellschaften. Die Spielregeln lauten: Man tut so, als ob jeder jeden kennen würde. Ohne die Berühmtheiten stünde die Kaiserin ohne Kleider da; jeder könnte sehen, was die (gute) Gesellschaft ist: eine pure Fiktion.

Die meisten Menschen brauchen die Gemeinschaft, weil sie taktlos sind; in ihr liegt alles offen. Takt braucht man nur in Gesellschaft. Er mildert die Kälte der Welt bis zur Erträglichkeit.

Man muss einen starken Daimon in sich spüren, wenn man auf die Gemeinschaft mit Anderen verzichten kann.

Jede Gemeinschaft, die man über die einzelnen Individuen stellt, ist keine.

Das Gemeinwohl ist bloß gemein.

Wenn das allgemeine Wohl mehr sein soll, als das jedes Einzelnen, dann ist es Betrug bestimmter Einzelner.

*

Über Gleichheit und Gerechtigkeit

Wer dem Ideal, dem Ethos der Gleichheit frönt, der will, dass sich die Menschen durch nichts mehr unterscheiden.

Die Gerechtigkeit der Gleichheit vor dem Gesetz ist die Formel, mit der die Demokraten seit Jahrhunderten die Welt betrügen.

Gleichheit und (egalitäre) Gerechtigkeit sind ein Ausdruck rechenhaftiger Rationalität.

Nicht allen das Gleiche, sondern jedem das, was er will, nach seinen Wünschen, Fähigkeiten, Bedürfnissen, Leistungen, Kenntnissen; nicht für Andere, nur für sich selbst zur Verantwortung gezogen werden: das ist Gerechtigkeit.

Gerechtigkeit ist die nachhaltigste und kälteste Rache.

„Gerechtigkeit" ist der Schrei des Schwächeren, mit der Absicht, den Spieß umzudrehen.

Soziale Gerechtigkeit gebiert Privilegien.

*

Über Individualismus

Du sollst keine anderen Götter haben neben Dir.

Klasse hat nur derjenige, der sich nicht klassifizieren lässt.

Die Kritiker des Individualismus nehmen genau das in Anspruch, was sie kritisieren.

Individualismus heißt nicht, dass jemand etwas absolut Einzigartiges gegen, neben oder über Anderen, sondern unverwechselbar *zwischen* Menschen sein will. Ein Individuum kann man nur sein, weil es andere Individuen gibt. Austauschbar ist jeder Mensch nur in der Welt der objektiven Tatsachen, nicht jedoch in der der subjektiven. Im Land der subjektiven Tatsachen sind die Weiden grüner und die Wiesen saftiger als im Land der objektiven.

Individualismus ist keine Ideologie, sondern seit jeher die unhintergehbare Lebensweise der Menschen.

Je freier und individualistischer ein System ist, desto unbedeutender sind die Einzelnen; je autoritärer und kollektivistischer hingegen ein System ist, desto mehr kommt es auf den Einzelnen an: Jedes Sandkorn kann das Getriebe stören.

Auch in einem Satz wie „Ich liebe dich!" steht am Anfang das Wort „Ich".

Das Individuum ist der Teufel des Gottes Gesellschaft.

*

Über Egoismus

Das Ressentiment gegenüber dem Egoismus basiert darauf, der Anderen zu bedürfen und von ihnen gebraucht zu werden. Der Egoist braucht niemanden; das nehmen ihm die Verschmähten übel.

Der Egoismus ist nur ein Problem in einem antiegoistischen Umfeld.

Den reinen Egoismus muss man nicht erst entlarven; er versteckt sich doch gar nicht; er steht für nichts anderes als sich selbst. Er akzeptiert jeden Vorwurf – nur nicht als *Vorwurf*.

Sei immer maßlos! Wenn die Anderen bescheiden sein wollen – wie schön für dich.

Sich selbst nicht (zu) wichtig zu nehmen, dass ist die Philosophie, die man den Kindern beibringt: Kinderphilosophie. Wer sich selbst nicht wichtig nimmt, der ist nur Material für Andere. Warum sollte man überhaupt etwas wichtiger nehmen als sich selbst?

Wenn (angeblich) niemand etwas für sich selbst tut, sondern immer nur für Andere, dann wird letztlich für niemand etwas getan.

Von allen Gegenständen in der Welt, bin ich (für mich) der einzig gewisse.

*

Über Kollektivismus

Es geht nicht darum, der Masse etwas aufzudrängen, sondern ihr etwas abzuringen.

Jedes „Wir" ist eine maßlose Übertreibung.

Wer den Kollektivismus predigt, will das (Selbst-) Denken still stellen.

Das Kollektiv, das Volk, die Allgemeinheit ist der Parasit des Individuums.

Kollektive irren immer.

Es kann nur einen Kollektivismus geben, den des Individualismus.

Jeder Kollektivismus beinhaltet notwendig Ausgrenzung. Wer auf seinem Altar geopfert werden soll, wird von denen definiert, die nicht geopfert werden wollen.

Auch Kollektivismus ist Feigheit vor dem Feind.

Aus Angst vor der Weite, dem horror vacui, sucht man die Enge, den horror communis. Wenn man schon nicht körperlich ineinander kriechen und auch Leiber dicht an dicht nicht lange ertragen kann, will man zumindest symbolisch miteinander verschmelzen.

*

Über Altruismus

Der Mensch ist altruistisch, wenn es ihm nützt.

Die Altruisten können nur besser ihre Spuren verwischen.

Altruismus ist die übelste – weil ideologische – Form des Egoismus. Er leugnet den „Materialismus des Selbst", während er ihn praktiziert. Tatsächlich ist die Sorge um die Anderen immer Sorge um sich selbst wegen der Anderen.

Fast ein jeder will seine persönlichen Vorlieben als Dienst an der Allgemeinheit verkaufen und dementsprechend entlohnt werden.

Altruismus ist nicht nur eine Beleidigung der Moral, sondern auch der Intelligenz.

Wer selbstlos ist, der ist nicht nur sein Selbst los, der muss auch aus zweiter Hand leben.

Wer sich selbst nicht achtet, hat es auch nicht verdient von Anderen geachtet zu werden; wer glaubt, er müsse Anderen dienen, der hat es auch verdient.

Die Idee des Primats des Anderen führt letztlich zum Primatentum.

*

X

Über Souveränität und Kontrolle

Souveränität: Standhaft sein gegenüber allen Zumutungen und Versprechen.

Souveränität ist im Seinlassen, in manchen Gesten, in wenigen Taten. Handeln ist zumeist Sturheit und Fanatismus; manchmal aber auch Verlegenheit.

Souverän ist nicht der, der über den Ausnahmezustand entscheidet, sondern der, der sich der Entscheidung entzieht.

Jeder ist eine Ausnahme, mithin S/souverän: Das Besondere ist das Allgemeine.

Wer S/souverän ist, herrscht nicht.

*

Das Kind ist Ausdruck der Mutter, der sich verselbständigt hat. Bis zum Schluss glaubt sie, weil es ihr Produkt und ihre Kreation ist, dass sie es kontrollieren könnte.

*

Über die Verdauung

Man bleibt immer ein Gefangener seiner Eingeweide.

Der Zweck heiligt manches Mittel, die Verdauung jedes.

Scheiße kann zumindest versteinern. Wir hingegen verschwinden völlig. Bestenfalls bleiben von uns Spurenelemente für eine gute Verdauung des Universums.

Werdet hart wie Stein, dann entgeht ihr dem Schicksal, verdaut zu werden.

Das Gegessene isst zurück, heißt vor allem, dass wir sind, was wir gegessen haben.

Wo steckt eigentlich der Hunger, wenn ich satt bin?

*

Über Freiheit, (Un-) Abhängigkeit und Zwang

Mach was du willst und lass die Anderen in Ruhe!

Libertär sein heißt, einander in Ruhe zu lassen, heißt, nicht mehr in die Geselligkeit flüchten.

Wenn Antiindividualisten das Wort Freiheit im Munde führen, ist das ein Missbrauch. Denn die Freiheit eines Kollektivs ist immer die Knechtschaft der Individuen, wie Marx noch wusste: Die Freiheit eines jeden Einzelnen ist die Voraussetzung für die Freiheit aller – nicht umgekehrt. Das kennzeichnet freilich nicht den Kommunismus, sondern den Kapitalismus. Im Kommunismus gibt es keine Freiheit; nicht einmal für das Politbüro.

Als Marx seinerzeit formulierte: Der Kommunismus sei die Bewegung, die alle bestehenden Verhältnisse umstürze, war nicht die Rede davon, neue in die Welt zu setzen.

Der einzige Lichtblick in der Sowjetunion war, dass Moskau für die meisten sehr weit weg war – mit Ausnahme für die Moskauer.

Die Tragödie des Lebens besteht in dem aussichtslosen Kampf der Freiheit gegen die Angst, denn die Angst gehört zur Freiheit.

Freiheit ist kein moralisches Postulat, kein Wert, sondern Voraussetzung jeder Moral. Wer nicht frei ist, kann nicht moralisch sein.

Freiheit ist die Übereinstimmung von Wollen und Können.

Sich allen Zumutungen entziehen, erst das wäre Freiheit. Aber wer kann sich unbefangen diese Unbefangenheit zumuten? Wer dazu fähig ist, sich über die Meinungen, die Andere von uns haben, hinwegzusetzen, der kann alles. Die Anderen, das sind unsere K(l)etten.

Freiheit heißt nicht, wählen zu dürfen, Freiheit heißt, nicht(s) wählen zu müssen. Es gilt aber auch: Wir sind frei zu wählen; aber nicht, nicht zu wählen, denn auch Nicht-Wählen ist eine Wahl.

Man kann nicht wählen, was man glauben will; man glaubt es oder man glaubt es nicht.

Freiheit ist, auf die Stimmen aus dem Dunkel zu hören.

Freiheit ist die Emanzipation des Entwurfs von der Geworfenheit.

Dass die Kosten der Freiheit zu hoch seien, spricht nicht gegen die Freiheit, sondern gegen die Kosten.

Auch die Freiheit kann sich nicht von ihren Voraussetzungen lösen.

Freiheiten brauchen Grenzen, weil Begrenzungen Freiheiten schaffen. Angesichts der Begrenzungen suchen sich die Freiheiten neue Wege. Grenzen sind nicht dazu da, beseitigt, sondern überschritten zu werden. Freiheit ist die Überschreitung von Grenzen, Freiheit heißt, über ihre erkannten Grenzen hinausgehen. Hätte Freiheit keine Grenzen, so gäbe es nichts, worüber sie hinausgehen könnte.

Grenzen lassen sich nur noch mit Leuchtspurmunition markieren; verteidigen lassen sie sich schon lange nicht mehr. Jeder Definition merkt man noch ihre Gewalttätigkeit an. Sie riechen alle nach verbranntem Fleisch und Verwesung.

Was wir tagtäglich erleben ist, dass die Menschen sich frei entscheiden, sich nicht frei entscheiden zu wollen: Sie entlasten sich damit, dass sie ihre Freiheit nie realisieren und an andere delegieren.

*

Um sich aus einem Gefängnis zu befreien, muss man erst einmal spüren, dass man in einem ist.

Tut man denjenigen, die man von Ketten befreit, die sie nicht spüren, einen Gefallen?

Die Menschen haben nichts zu verlieren als ihre Ketten; sie haben die Freiheit zu gewinnen.

Wenn man den angeblich Verführten und Missbrauchten ihr Argument zugestehen würde, das sie verführt und missbraucht worden sind, müsste man sie dann nicht entmündigen?

Frei ist nur, wer sich selbst befreit; wer hingegen von Anderen befreit werden will oder muss, der ist nicht frei. Tatsächlich kann man nicht befreit werden.

Frei werden kannst du nur, wenn du dich von den Anderen frei machst. In (der) Gemeinschaft gibt es keine Freiheit.

Wer sein Leben in die Hände technischer Artefakte und Systeme delegiert und diese nicht mehr beherrscht oder nicht mehr ohne sie existieren kann, darf sich nicht wundern, dass, wenn diese ausfallen, auch er ausfällt. Technik ist Hilfe zum Leben, nicht dessen Ersatz. Auch diese Abhängigkeit zerstört die Freiheit und im Ernstfall gibt es kein Entrinnen. Man sagt, man solle nicht den Ast absägen, auf dem man sitze, aber man sollte auch nicht zu sehr dem Beatmungsgerät trauen, an dem man hängt.

Freiheit, so heißt es, sei Einsicht in das Notwendige. Das, was notwendig ist, wird politisch dekretiert. Freiheit ist damit die politische Freiheit, über die hominide Masse frei verfügen zu können. Die Verfügungsmasse ist nur an der Auswahl des politischen Personals beteiligt.

Politische Freiheit ist ein Widerspruch in sich, wenn sie mehr meinen sollte als die Freiheit der Politiker, weil Politik jede Freiheit bedroht und einschränkt und Freiheit jede Politik bekämpfen muss. Besonders Gewitzte könnten natürlich auch behaupten, politische Freiheit könne nichts anderes meinen als Freiheit von Politik.

Faschismus, Monarchie, Kommunismus, Demokratie: Alles Mögliche wurde gegen die Freiheit, das Laisser faire – Laisser aller schon ausprobiert und scheiterte. Warum probieren wir es nicht einmal mit der Freiheit selbst?

Wer die Freiheit der Menschen einschränkt, der erklärt ihnen den Krieg.

Die Partei der Freiheit hat keine speziellen politischen Gegner; alle Politiker sind ihre Feinde.

Es ist doch erstaunlich, wie wenig Liberale, Libertäre und Anarchisten es gibt und für was sie alles verantwortlich sein sollen. Dieses Schicksal teilen sie mit den Juden. (Ganz besonders schlecht dran sind „natürlich" jüdische Liberale, Libertäre und Anarchisten.)

Wes Geistes Kind diejenigen sind, die das Wort „Freiheit" auf den Lippen führen, erkennt man an ihrer Einstellung zum (Neo-) Liberalismus.

Um der Freiheit willen, muss man auch mit den Freunden der Freiheit brechen können.

*

Du kannst so viel auf ihm hämmern, wie du willst! Was schert es den Amboss? Der Hammer ist der Getriebene: *Er* muss. Der Amboss zieht ihn an.

Mein Bedürfnis nach einer Currywurst beruht nicht auf meiner eigenen Entscheidung, sondern auf der der Currywurst.

Ein Süchtiger ist ein Teilnehmer an einem Wettbewerb mit und gegen sich selbst.

Die schönsten Strecken sind die Durststrecken.

Wie kommt es, dass Drogen erst zu einem Problem wurden, nachdem man sie verboten hat?

*

Man kann die Menschen zu nichts zwingen; man kann nur die Kosten ihrer Weigerung erhöhen. Der Preis kann dann sogar das Leben sein. Manche sind bereit ihn zu bezahlen.

Den Zwang des Zusammenhangs auch noch als Zwangszusammenhang zu organisieren, ist das Perfide aller Vergesellschaftung.

*

Über Täter und Opfer

Die Todesstrafe ist nicht aus Mitleid gegenüber dem Verbrecher abzulehnen, sondern gegenüber dem Richter und dem Henker. Es gibt Taten, für die der Täter den Tod verdient hat. Der Henker hat es jedoch nicht verdient, die Todesstrafe vollstrecken zu müssen.

Wer zuviel Verständnis und Mitleid mit den Tätern hat, vergeht sich ebenfalls an den Opfern – und den Tätern.

*

Die meisten Menschen sind, ohne mit der Wimper zu zucken, bereit, große Opfer zu bringen. Es sind die vielen kleinen, die ihnen das Leben schwer machen.

Politik wird so lange erfolgreich sein, wie es ihr gelingt, die meisten Menschen davon zu überzeugen, ihr Leben zu opfern; sei es auf dem Schlachtfeld, sei es bei der Arbeit für den Fiskus.

Eine Gesellschaft, die um des Überlebens ihrer selbst als ganzer willen, das Leben auch nur eines Einzigen opfert, ist den Dreck unter den Fingernägeln nicht wert. Das bedeutet jedoch nicht, dass man, wofür auch immer, nicht bereit sein könne, es zu riskieren. Opfer und Risiko sind zweierlei. Wer nicht bereit ist, sein Leben zu riskieren, hat es schon verloren, bevor er tot ist. Manchmal muss man das Leben wagen, um es zu erhalten.

Freie Gesellschaften kennen keine Opfer, nur Gescheiterte.

Wenn es kein Risiko gäbe, gäbe es auch keine Freiheit. Wie eine freie Gesellschaft das Risiko braucht, so eine geschlossene das Opfer.

*

Über Gewalt und Grausamkeit

Real ist nur die Gewalt, weil nur das Wirkung hat, was wirkt. Die Wirklichkeit jeden Wirkens ist immer Gewalttätigkeit.

Die Beschreibung von Gewalt scheint oft genug unerträglicher als die Gewalt selbst; obwohl der (Be-) Griff des Messers – frei nach Hegel – nicht schneidet.

Erotik ist sublimierte und kultivierte Grausamkeit.

Disziplin ist Grausamkeit gegen sich selbst.

Die menschliche Faszination für die Katzen rührt von ihrer spielerischen Grausamkeit her.

Wenn man jemandem erlaubt zu töten, dann wird er es irgendwann tun.

Bei den modernen Terroristen könnte man glauben, sie hätten an den Materialschlachten des I. Weltkriegs teilgenommen und seien aus seinen Gräbern entstiegen.

*

Über Macht

Macht ist die Gewalt, die nicht in Aktion ist, aber jederzeit aktiv werden kann. Gewalt ist realisierte Macht, realisiert durch Schmerzen. Macht besteht in der Möglichkeit, Schmerzen zufügen zu können. Wer sie ständig aktiviert und Gewalt ausübt, sie also verausgabt und verbraucht, der kann irgendwann keine mehr akkumulieren.

Macht hat die Angewohnheit, unkontrolliert zu wuchern. Macht darf man nicht zulassen, man muss sie bekämpfen – in jeder Form.

Macht ist das Gegenteil von Freiheit. Erbärmlicher als der Machtlose ist nur der Machthaber.

Alle Macht geht dem Volke aus.

*

Über Krieg und Frieden

Die Menschen brauchen Projekte, die sie voneinander trennen, sonst fallen sie übereinander her.

Wenn alles wieder einmal vorbei ist – der Krieg ist vorüber, die Revolution zu Ende, der große Anführer tot, verbrannte Erde wird wieder beackert, zerstörte Artefakte ersetzt –, sieht es so aus, als sei nichts geschehen. Nur ein paar Millionen Tote mehr.

Der (Bürger-) Krieg ist nicht der Vater aller Dinge, sondern deren Zerstörung. Wäre er tatsächlich der Vater, würde er seine eigenen Kinder fressen, wie die Revolution.

Es gibt Schlimmeres als den Krieg und Wichtigeres als den Frieden.

Krieg gibt es nicht zwischen Egoisten, nur zwischen Altruisten.

Wenn der Krieg die Fortsetzung der Politik mit anderen Mitteln ist, dann bedeutet weniger Politik auch weniger Krieg.

Wer keine Feinde hat, lebt auch nicht in Frieden; er muss alles mit sich selbst ausmachen.

Es gibt niemals Frieden, nur Waffenstillstände. Frieden ist der Ausnahmezustand.

Frieden ist die einseitige Ausübung von Gewalt durch den Staat – nicht deren Abwesenheit.

Wer glaubt, der Frieden sei das Allerwichtigste, der muss sich auch mit der Friedhofsruhe zufrieden geben.

Die Menschen haben zuviel Phantasie als dass sie sich auf Dauer mit der Langeweile des Friedens begnügen würden.

*

Über (Konter-) Revolution

Die bisherigen Revolutionen waren nur ein Symptom der Krankheit, die sie vorgaben zu heilen. Eine Revolution, die die politische Macht nicht abschafft, ist überflüssig. Revolutionen reichen längst nicht mehr; sie sind nicht radikal genug. Wer sie retten will, muss sie verraten. Es kommt nicht darauf an, progressiv zu sein, sondern subversiv; denn noch schneller als das Regime, das sie stürzt, wird die Revolution zur Repression.

Die Konterrevolution ist sozialistisch.

Wenn uns die stählernen Menschen zu gläsernen machen wollen, dann hat das den Vorteil, dass wir härter werden als sie.

*

Über Herrschaft

Dass der Mensch dem Menschen ein Wolf ist, darin haben die schwarzen Anthropologen Recht behalten. Dass der Mensch nur durch Autorität zu bändigen sei, das ist ihr Irrtum, denn die Autoritäten sind immer die schlimmsten Wölfe.

Jeder Mensch kann *nein* sagen; es wird jedoch alles getan, um das zu verhindern.

Es mag sein, dass die meisten Menschen zu blöd sind, ihr Leben in die eigene Hand zu nehmen. Aber die, die das behaupten, tun alles, dass das so bleibt.

Teile die Anderen in Gruppen und herrsche! Der Mensch hat nicht nur die Fähigkeit und Gewohnheit zu unterscheiden, sondern auch die, neu zu integrieren. Das Trennen und Scheiden geht immer einher mit dem Begrenzen und Kategorisieren.

Jede Herrschaft, auch die legitime, ist Verbrechen; jede Regierung, auch die demokratische, ist Regime. Es ist an der Zeit, dass die Menschen erwachsen werden, ihr Geschick in die eigene Hand nehmen und sich von den Regierungen befreien.

Auch die Herrschaft des Gesetzes ist Despotie.

Einst warnten die Regierungen vor dem Mob, heute ist jede von ihm beauftragt.

*

Über Tyrannei, Totalitarismus und Diktatur

Diktaturen sind nur dann zu ertragen, wenn man selbst der Diktator ist. Aber dann kann man sich wohl selbst nicht mehr ertragen.

Totalitär sind die demokratischen Staaten deshalb, weil sich in ihnen niemand ihrem Zugriff entziehen kann: Gesetze und Steuern durchdringen alle Lebensbereiche. Residuen gibt es nur auf Widerruf. Eigentlich bräuchte es kaum noch Polizei. Es genügte, überall Spiegel aufzustellen.

An ihrem Ursprung sind sich Nationalsozialismus, Kommunismus und Demokratie gleich: Berufung auf das Volk. Die Geburtsstunde moderner Herrschaft ist völkisch.

Die engsten Verbündeten und willigsten Vollstrecker der Nazis und Kommunisten waren Berufsverbrecher. Daneben brauchen (National-) Sozialisten Helden und Heilige. Freiere Gesellschaften kommen mit gewöhnlichen Menschen aus.

Kein Tyrann hat je seine Untertanen derartig kontrolliert, keine Herrschaft hat so massiv in das Leben ihrer Bürger eingegriffen wie die modernen Demokratien. Kein Regent der Alten Reiche hat seine Regierten so ausgeplündert, dass weit mehr als die Hälfte ihrer Einkommen an den Staat abzuführen sind. Die Demokratie ist nicht weniger totalitär als Faschismus und Stalinismus, nur weil die Gewalten geteilt und die Macht verteilt ist. Der „starke Mann", der Führer, der Duce, der Conducator, der Leader oder Caudillo sind Figuren der Vergangenheit. Rigider noch ist der Totalitarismus der Verwaltungen. Sollte es noch etwas „Näheres" geben, was kein Bundesgesetz oder eine Verwaltungsvorschrift regelt? Heute verbieten sie das Inhalieren von Rauch, morgen überhaupt. Wer dann noch Atmen will, braucht eine Genehmigung vom Ordnungsamt.

*

Über Bürokratie

Der wahre Nihilismus ist nicht *der* Nihilismus, sondern die Bürokratie, das Nichts der reinen Sachlichkeit.

Vielleicht gibt es brutalere Diktaturen als die der Büros; aber unter ihrer Herrschaft währt die Agonie länger.

Bürokratie ist Herrschaft durch Ver(ge)walt(ig)ung.

*

Über (Sozial-) Demokratie

Die Vertragstheorie hat es nicht verdient, dass sie für den Gründungsmythos der Demokratie missbraucht wird.

Da niemand je einem Gesellschaftsvertrag – ebenso wenig wie einen Generationenvertrag – unterschrieben hat, ist er null und nichtig. Wer würde einem solchen Vertrag auch freiwillig zustimmen?

Demokratie ist kein legitimes Verfahren, weil sie selbst auf einem illegitimen Gründungsakt beruht: Mit (oder ohne) Mehrheit wurde beschlossen, dass jetzt das Mehrheitsprinzip gilt. Sie ist ein Kartell der Vielen gegen die Wenigen. Das Mehrheitsprinzip der Demokratie ist die Voraussetzung dafür, dass sie zur Kleptokratie wurde.

Mehrheiten haben niemals Recht!

Die wichtigsten Entscheidungen in einer Demokratie werden niemals zur demokratischen Entscheidung vorgelegt.

Wenn in einer Demokratie dem Demos misstraut wird, dann ist die ganze Veranstaltung für die Katz`.

Seitdem die Kommunisten es aufgegeben haben das Proletariat befreien zu wollen, glauben die Demokraten, diese Aufgabe übernehmen zu müssen.

Der Westen ist nicht frei, sondern demokratisch. In der Demokratie gibt es keine Freiheit.

Die Demokraten sind ständig damit beschäftigt die Geister, die sie riefen, zu bändigen. In der Krise schreien sie nach dem starken Staat. Freiheit, die sie meinen, ist immer nur ihre eigene.

Noch nie ist bei demokratischen Wahlen auch nur eine einzige abgegebene Stimme zurück erstattet worden. Schließlich bekommen die Parteien für jede bares Geld.

So wie die antike Demokratie nur auf der Grundlage der Sklaverei funktionierte, so die moderne auf der der Ausplünderung der Steuerzahler.

Die Demokratie degeneriert zwangsläufig zum Sozialismus. Sie unterminiert sukzessive ihre eigenen Voraussetzungen. Insofern ist „Sozialdemokratie" eine Tautologie. Nicht jeder Sozialist ist Demokrat, aber alle Demokraten sind Sozialisten.

(Sozial-) Demokratie ist die Abschaffung des Privateigentums nicht primär durch physische, sondern durch fiskalische Gewalt. Gleichwohl bleiben sie den Jakobinern treu.

Sozialdemokraten verteilen die Enteignung auf einen längeren Zeitraum.

Sozialdemokratie ist eine liberalere Version des Sozialismus, ohne liberal zu sein.

Sozialdemokratische Bildungspolitik: Die Dummheit schön gleichmäßig verteilen.

Die Sozialdemokraten in allen Parteien (welche ist nicht sozialdemokratisch?) haben jenes Wort gehalten, das uns Max Weber einst gegeben hat: ein „Gehäuse der Hörigkeit" einzurichten.

Wer von Sozialdemokratie nicht reden will, der sollte vom Kommunismus schweigen.

*

Über Sozialismus

Sozialisten lieben immer nur die Opfer. Wenn jemand kein Opfer sein will, dann lieben sie ihn auch nicht.

Sozialisten sind asozial. Sie sind die Vorposten einer imaginären Vergangenheit, die sich als Sozialpathologie der Moderne erweist: Krankheit als (Rück-) Weg.

Sozialisten sind Leute, die die spontane Ordnung des Marktes durch die Willkürherrschaft der Politik ersetzen wollen.

Der Sozialismus ist deshalb amoralisch, weil er die Einzelnen vollständig aus der Verantwortung für ihr Handeln entlässt – was natürlich nicht heißt, dass sie nicht trotzdem zur Verantwortung gezogen würden.

Selbstredend halten weder Ochs noch Esel den Sozialismus auf – sie sind ja seine Wegbereiter.

Sozialismus ist keineswegs eine Dummheit der *Armen*. Im Gegensatz zum Sozialismus ist der Kapitalismus eine intellektuelle Herausforderung, der *Intellektuelle* gewöhnlich nicht gewachsen sind.

Sozialismus ist ein umfassendes, totales „Reich der Notwendigkeit", eines, das niemals die Not wendet und ins „Reich der Freiheit" führt.

In der geschlossenen Gesellschaft des Sozialismus ist alles sicher; vor allem die Armut und der frühe Tod.

Die einzige Innovation zu der der Sozialismus fähig war, war die Einweisung einer ganzen Gesellschaft ins Gefängnis.

Während die alten Sozialisten sich immerhin noch mit der Idee von Reichtum und Fortschritt, an dem alle teilhaben sollten, verbündet hatten, so sind die ökologischen Neosozialisten eine Liaison mit Armut und Agonie eingegangen.

(Post-)Moderne Gesellschaftsformen sind alle sozialistisch ohne formale Enteignung der Produktionsmittel.

Sozialismus ist die Freiheitsideologie geklonter Massenmenschen.

Sozialismus, das ist Archaik und Geometrie, Mythos und Positivismus.

Sozialismus ist die späte Rache des Christentums für seinen Machtverlust.

Der Sozialismus ist ein Kadaver, der nur deshalb lebt, weil er von Würmern wimmelt.

Der hervorstechendste Unterschied zwischen nationalem und internationalem Sozialismus besteht darin, dass dieser die „eigene", jener „andere" Bevölkerungen dezimierte und ausplünderte.

Wer aber vom Sozialismus nicht sprechen will, der sollte vom Faschismus schweigen.

Wer behauptet, man könne Sozialismus und Faschismus nicht miteinander vergleichen, tut genau das.

Bedürfnistheorien sind Einfallstore für Linksfaschisten. Wo man sich auf den Menschen und seine Bedürfnisse konzentriert, geht es ihnen an den Kragen.

Der Sozialismus bestraft alle, die die Bedürfnisse Anderer nicht durch Nächstenliebe befriedigen. Auch das ist eine Blümchen-Anthropologie.

Marxistische Theorie würde erheblich an Glaubwürdigkeit gewinnen, wenn sie in ihrem System „Kapital" durch „Staat" ersetzen würde, aber dann wäre sie wohl nicht mehr marxistisch.

Der Marxismus konnte schon die Vergangenheit nicht erklären, wie hätte er da vernünftige Prognosen über die Zukunft machen sollen?

Der Kommunismus ist das, was er laut Marx schon am Anfang war: Ein Gespenst.

Die westliche Linke ist von ihrem Antiimperialismus und Antikolonialismus kolonisiert.

Auch der gegenwärtige linke Pazifismus richtet sich nicht gegen die Bewaffneten, sondern gegen die Wehrlosen.

*

Über Rechte und Linke

Der Unterschied zwischen Rechten und Linken zeigt sich in dem Affekt jener gegen die Schwachen und die Opfer, dieser gegen die Starken und die Sieger. Wenn die Unterscheidung immer so einfach wäre.

Der zweite große Unterschied zwischen Rechten und Linken besteht in der Besessenheit des Trennens jener und in dem Fanatismus des Vermischens dieser.

Worin die Rechte, die Linke und die Mitte einig sind, das ist die Entmündigung der Einzelnen.

Rechte und linke Reaktionäre sind bereit, ganze Bevölkerungen für kleine Teile derselben bluten zu lassen; die einen für ein paar Reiche, die anderen für ein paar Arme.

Ein Linker ist jemand, der den Menschen durch jede Tat und jedes Wort immer und überall beleidigt sieht.

Für Linksmoralisten ist schon das Wort Ökonomie eine Beleidigung.

Was ist an einer Linken aufgeklärt, wenn sie sich jeder Selbstaufklärung entzieht?

Weil der Zeitgeist längst „kritisch" geworden ist, ist die kritische Theorie affirmativ.

Linke sind antinationalistische Nationalisten.

Ein Konservativer ist einer, der letztlich alles zerstört, weil er es belassen will, wie es ist; ein Revolutionär ist einer, der alles belässt, wie es ist, weil er es zerstören will. Am lächerlichsten sind jedoch die linken Rechten und die rechten Linken, weil sie mit Höchstgeschwindigkeit auf der Stelle treten.

Auschwitz taugt sowenig dazu, den Gulag zu rehabilitieren, wie der Gulag dazu taugt, Auschwitz zu relativieren.

*

Über (Anti-) Faschismus

Das faschistische Potential westlicher Demokratien liegt nicht in gestiefelten Marodeuren, die in SA-Manier auftreten, sondern in ihren Strukturen selbst. So richtig und wichtig die Mahnung der Historiker ist: „Wehret den Anfängen!", so fatal ist ihr Hinweis auf historische Formen des Faschismus. Seine neuen Formen werden dabei oft nicht erkannt. Die idiotische Formel: „Aus der Geschichte lernen!", will die SS verhindern, auf die ihre Verkünder ewig warten werden. Währenddessen sind alle längst kontaminiert. Und schließlich werden derweil diejenigen als Faschisten denunziert, die das Kind beim Namen nennen. Jeder Staat hat eine mehr oder weniger große Affinität nicht zum historischen, sondern zum strukturellen Faschismus. Das zeigt sich, wenn die Gutwilligen, die ehemaligen Opfer, die Revolutionäre, die Opponenten an der Macht sind.

Faschismus ist auch heute noch möglich, indem er sich als sein Gegenteil tarnt.

Aber unter Antifaschisten zu leben ist auch keine Wohltat.

Regelmäßig erschöpft sich die Kritik am Faschismus darin, ihn als Übertreibung, als Missbrauch und Pervertierung von Tugenden anzuklagen. Faschismus ist kein politisches System, Faschismus ist eine Haltung, die es in jedem politischen System gibt.

Das durchschnittliche Gebaren gestandener Antifaschisten lässt erkennen, dass sie vom „Faschismus" nicht allzu viel verstanden haben – oder gerade doch?
In ihrem Antifaschismus – den sie wohlgemerkt nicht Antinationalsozialismus nennen mögen – sind die Antifaschisten von „ihrer" Nation faszinierter als die Nazis selbst.

*

XI

Über Politik und Politiker

Kümmert euch um eure eigenen Angelegenheiten; sonst kümmern sich Andere darum. Politik ist die Ethik der Einmischung in die Angelegenheiten Anderer.

Wenn wir uns der Politik entziehen, wird sie über uns verhängt. In der Tat ist sie kein Schicksal, aber ein Verhängnis,.

Aus der scheinbar bloßen Feststellung: Das Private ist politisch! wird zunehmend eine Drohung.

Es ist die fortschreitende Politisierung, die das Leben kolonisiert: Primat der Politik. Anders ausgedrückt: Du bist nur insofern nicht nichts, sondern etwas, wenn du der Polis dienst.

Das Wesen des Politischen ist es, den Menschen die Verfügungsgewalt über ihr Leben und dessen Früchte streitig zu machen.

Politik ist aufs Ganze gesehen immer ein Programm zur Minderung des Wohlstands. Politik *ist* Sozialismus. Sie ist eine Leidenschaft, weil man mit ihr den Hebel gefunden hat, sich des Hab und Gutes Anderer legal bemächtigen zu können. Vorsicht vor ihren Liebhabern!

Politik ist der Versuch, gegen ihren Willen auf Kosten Anderer zu leben. Ihre Kunstfertigkeit besteht darin, einem Teil der Bevölkerung einzureden, der andere Teil wäre an ihrer Misere schuld. Sie ist gemeinsam mit dem Öffentlichen Dienst der einzige uns bekannte Bereich, in dem niemand wirklich Verantwortung trägt und Fehler ohne Ende machen kann, weil die Kosten Andere tragen müssen, die sich nicht dagegen wehren können.

Politik ist immer Selektion.

Die Vorgeschichte der Menschheit endet an dem Tag, an dem es keine Politik mehr gibt.

In der Politik sollte man nicht die Verräter moralisch diskreditieren, sondern die Verratenen.

Wir sind der Rohstoff derjenigen, die davon fasziniert sind, etwas „bewegen" zu können. Politische Macht bewegt den Rohstoff Mensch.

Politiker brauchen Menschen in Herden. Deshalb treiben und halten Politiker die Herden zusammen: Deine Herren sind deine Hirten.

Vor allem bei Politikern kommen auf einen halbwegs guten Gedanken hundert schlechte.

Was für die meisten Menschen eine sportliche Betätigung ist, ist für Politiker Profession: Anderen das Leben schwer machen.

„Reform" bedeutet im Mund von Politikern immer „Vollstreckungsbefehl".

Nicht die Spekulanten sind, wie Jacques Chirac behauptete, das Aids der Gesellschaft, sondern die Politiker.

Die Menschen lieben die Politiker, die ihnen am meisten schaden.

Politiker und Priester nähren die Hoffnung, ohne sie je zu stillen.

Politiker wollen in der Tat nur unser Bestes.

Ich bin nicht dagegen, dass Politiker gut bezahlt werden. Ich bin dagegen, dass sie überhaupt bezahlt werden.

Politiker leben von der Existenz sozialer Probleme, die sie selbst geschaffen haben.

Politiker und Bürokraten sind diejenige Sorte Mensch, denen man genau wegen ihrer anmaßenden Hybris, die Probleme, die sie zu lösen vorgeben, nicht anvertrauen sollte. Andererseits sollte man denjenigen, die dumm genug sind, zu glauben, jene Sorte Mensch könne gesellschaftliche Probleme lösen, wenigstens das Wahlrecht entziehen. Aber das ist wohl ein utopischer Wunsch.

Wenn es in der (post-) modernen Welt (noch) Armut gibt, dann nur deshalb, weil es Politiker gibt, die sie beseitigen wollen. Grausam ist nicht die Armut, sondern sind diejenigen, die meinen, den Armen helfen zu müssen, weil sie unter ihrer Würde sei.

Die einzige Entschuldigung für Politiker und selbst ernannte Intellektuelle ist, dass die meisten Menschen betrogen werden wollen.

So wie jeder Sicherheitspolitiker ein potentieller Faschist ist, so ist jeder Finanzpolitiker ein Plünderer.

Naturrecht ist Wolfsrecht, Recht der Wölfe. Die Wölfe im Staat sind die Politiker.

Das Gewerk von Gewerkschaftern ist ihr Mundwerk.

*

Über den Staat

Wer Hilfe vom Staat nimmt, hat es auch nicht besser verdient.

Kleine Sünden werden uns verboten, die großen begeht der Staat.

Du musst das Verbrechen ins Gigantische steigern, dann ist es kein Verbrechen mehr und trägt ehrenwerte Namen.

Das Gründen von Staaten ist kein spezifisch menschlicher Fehler; Ameisen tun das auch.

Dass es Institutionen braucht, die den Verkehr der Menschen untereinander regeln, heißt nicht, dass es eines Staates bedarf, der uns wie Pharao beherrscht.

Der Staat ist keine Errungenschaft, sondern eine Sanktion.

Jeder Staat ist ein Polizei- und Obrigkeitsstaat; mancher mehr, mancher weniger.

Schon der Begriff „Gewaltenteilung" sagt doch schon zur Genüge, was es mit dem ungeteilten Ganzen auf sich hat.

Der starke Staat ist der schwache Staat.

Eine wirkliche Gewaltenteilung kann es nur geben, wenn der Staat auf sein Monopol verzichtet; aber dann wäre er kein Staat mehr.

Die Staaten sind das letzte Hindernis, die letzte Barrikade auf dem Weg zur Freiheit.

Staat ist organisierte Kriminalität. Politik ist immer Enteignung und Diebstahl.

Jede antietatistische Tat ist ein Schritt in die Freiheit. Hingegen ist jeder staatliche Eingriff sowohl in die Privatsphäre als auch in den Markt der Anfang vom Ende von diesem und jener.

Vor allem gibt es kein richtiges Leben im verstaatlichten.

„1984" war schon lange vor 1984; und zwar seit dem Tag, an dem sich eine der unzähligen Räuberbanden den Namen Staat gab und Diebstahl Steuern heißen. Orwell hat keine Utopie geschrieben, wie allgemein angenommen. Das Ausmaß der Infamie und den Erfindungsreichtum verbeamteter Schreiberlinge und Lautsprecher konnte selbst ein Orwell nicht erahnen. In deren Wortfindungsreichtum hat er seine Meister gefunden. Nie wäre er auf die Idee verfallen, etwa Steuererhöhungen als Abschaffung von Steuerprivilegien zu definieren.

Der Staat ist als Enteignungsmaschine der (erste und der) letzte Sozialist. Gerade deshalb ist er antisozial und „Sozialstaat" eine ideologische Formel. Statt das Privateigentum zu schützen, eignen es sich die Staaten an. Ein Staat, der sich auf den Schutz von Leben und Eigentum beschränken würde, machte keine Politik. Aber ein Staat, der sich beschränkt, ist unmöglich.

Der Staat ist die fortgesetzte *ursprüngliche* Akkumulation von Kapital.

Wer mit dem Staat kollaboriert, unterminiert seine eigene Freiheit; wer kollaboriert, der kollabiert. Die korrekte Definition für Staat ist: sterbende Freiheit.

Der Staat ist ein Luxus, den wir uns nicht länger leisten können.

Je totalitärer ein Staat ist, umso mehr Minister und Ministerien hat er.

Ein (guter) Staatsbürger zu sein ist keine Tugend, sondern eine Schande. Gute Staatsbürger sind die unangenehmsten Menschen. Der Bürger wird erst dann mündig, wenn er kein *Staats*bürger mehr ist: Bourgeois statt Citoyen.

Jeder Bürger ist ein großes Risiko für den Staat – und umgekehrt.

Wer sich mit dem „kältesten aller Ungeheuer", dem Leviathan einlässt, der wird von ihm gefressen.

Der Leviathan sei ein sterblicher Gott, meinte Hobbes. Hoffentlich können wir bald zu seiner Beerdigung.

Statt Ambivalenz und Komplexität zu reduzieren, verstärken Staaten und Regierungen sie.

Der Staat ist die Endlösung der Menschheitsfrage. Er ist der Krieg, der sich durch Konfiszierungen selbst ernährt.

Seitdem der Staat sich nicht mehr immer nur als Herr über Leben und Tod aufführt, hat er sich um so mehr auf das Leben gestürzt, das er uns schwer macht. Während sich der alte Staat nur um das nackte Leben scherte, so kümmert sich der (post-)moderne um jedes. Gewöhnlich verlangt er nicht mehr, dass wir für ihn sterben. Aber auch wenn wir für ihn arbeiten müssen, nimmt er uns das (halbe) Leben.

Es ist irrig zu glauben, der Staat zöge sich aus unserem Leben zurück. Er wird immer mehr zu einem censor vitae: Du sollst nicht rauchen!

Ein Staat ist ein Gebilde, in dem du zwar einsam sein kannst, aber niemals allein bist. Unsichtbare Augen und Ohren kontrollieren dich immer und überall.

Im Rechtsstaat gibt es keine Rechtssicherheit, weil niemand weiß, ob die heutigen Rechte und Gesetze auch morgen noch gelten. Nicht einmal die sog. Menschenrechte herrschen uneingeschränkt, denn Näheres regelt ein Bundesgesetz. Die modernen Staaten sind daher auch im ursprünglichen Sinne keine Rechts-, sondern Gesetzesstaaten, die althergebrachtes Recht zerstören.

Ein Rechtsstaat ohne rechtsfreie Räume ist kein Rechtsstaat mehr.

Recht haben offensichtlich diejenigen, die es sich nehmen. Das sind die Rechtsstaaten.

*

Über Nation und (Inter-) Nationalismus

Das alte, immergleiche Lied, die heimliche Hymne aller Nationalisten beginnt: Der Staat muss...! Es ist ganz falsch, zu glauben, Nationalismus wäre nur ein rechtes Projekt.

Die Frage lautet keineswegs: „Was kannst du für dein Land tun?", sondern vielmehr: „Was kann dein Land für dich tun und was hat es bisher für dich getan, dass du es dein Land nennen könntest?"

Eine Nation ist eine nicht-versammelte Menge von Menschen, die nur das gleiche Fernsehprogramm sieht.

Die einzig interessante Nation ist die Faszination.

Wer den Staat nicht abschafft, schafft auch die Nation nicht ab. Der Staat ist der Nation vorgängig; nicht umgekehrt. Die Idee, Macht an supranationale Instanzen zu delegieren, um den Nationalstaat zu reduzieren, gebiert nur größere Macht und neue Nationen.

Die UN, das ist der internationalsozialistische Öffentliche Dienst.

*

Über Deutschland und die Deutschen

Bis in die Mitte des letzten Jahrhunderts überfielen die Deutschen andere Länder, offensichtlich, um das verhasste eigene verlassen zu können. Durch den Tourismus ist der Krieg deshalb nicht mehr nötig.

Der Limes war nur die *erste* innerdeutsche Grenze zwischen Halbzivilisierten und Barbaren.

Der eine sagt: „Ich bin stolz darauf, ein Deutscher zu sein!". Der nächste meint: „Ich bin ein Deutscher!", der dritte: „Ich schäme mich dafür, ein Deutscher zu sein!", der letzte schließlich: „Ich hasse alles Deutsche!". Nationalisten sind sie alle.

Deutsche Demokraten können nur die Meinungen ertragen, die ihnen der Verfassungsschutz, also der Inlandsgeheimdienst genehmigt.

Soviel Humor hätte den Deutschen wohl niemand zugetraut: Keine Verfassung, aber ein Geheimdienst, der sie schützt.

Der moderne (modale) Typus des Deutschen ist das Opfer.

Wenn Deutschland sich durch eine Kultur auszeichnet, dann ist es die der Angst.

In Deutschland sind die Gedanken frei – und nur sie –, solange man sie nicht äußert.

In Deutschland befindet sich die Freiheit in der inneren Emigration. Freiheit ist nichts, womit man Deutsche begeistern könnte; die ist ihnen zu anstrengend und zu bedrohlich. (Vielleicht gibt es hier deshalb so viele Intellektuelle.) Die geringe, die sie haben, nutzen sie dazu, sie abzuschaffen. Deutschland ist das Vater- und Mutterland aller Sicherheits- und Sozialfanatiker, die Heimat von Kommunismus, Nationalsozialismus und Sozialnationalismus.

In Deutschland sind Gleichheit und soziale Gerechtigkeit, Solidarität und Würde die inhaltsleeren Phrasen, mit denen Andere für das eigene Unvermögen in Haft genommen werden. Vollstrecker ist der Öffentliche Dienst.

Auch der vom Politbüro genehmigte Aufstand in der DDR 1989 war keine Revolution für die Freiheit, sondern der letzte Akt eines Insolvenzverfahrens und der damit zum Ausdruck gebrachte Anspruch auf Übernahme aller Schulden durch Andere. Die sog. friedliche Revolution der Ostdeutschen war lediglich ein Einmarsch in die westlichen Sozialversicherungssysteme.

Man muss schon ein Helot sein, um das, was in Deutschland herrscht, Freiheit zu nennen.

Die wichtigste Frage, mit der Deutsche das ihrige und das Handeln und Verhalten Anderer lebenslang traktieren: Darf man das? Ist das erlaubt?

Die höchste Freiheit für die Deutschen ist es zu gehorchen. Manche haben geglaubt, das hätte sich geändert. Das ist ein Irrtum. Die Demokratie hat die Begeisterung fürs Gehorchen sogar noch gesteigert.

Deutschsein heißt devot sein: Passion und Profession durchschnittlicher Staatsbürger.

Auf allergrößte Zustimmung stoßen in Deutschland Gesetze, die den Lebensstil Anderer einschränken. Die beliebtesten Formulierungen, die ganz locker und ungezwungen das Recht einschränken, so zu leben, wie man möchte, lauten: Das muss nicht sein! Das brauchst du nicht! Ich mache das ja auch nicht! Wo kämen wir denn hin, wenn das jeder machen würde! Die Deutschen tun keineswegs eine Sache um ihrer selbst willen, sondern aus Angst, die Gartenzwerge des Nachbarn könnten etwas größer sein. Das empfinden sie als zutiefst ungerecht.

Wichtig ist den Deutschen immer, dass es Anderen bloß nicht besser geht. Der Neid ist ihr Grundnahrungsmittel.

Die Pointe des Witzes, dass die bundesrepublikanische Bevölkerung die auch vom Staat lange geförderte Ambition hegte, eines Tages geschlossen in den Öffentlichen Dienst übernommen zu werden, besteht darin, dass darüber in Deutschland niemand lacht.

*

Über den Wohlfahrts- und Sozialstaat

Subsistenzwirtschaft ist asozial.

Der Öffentliche Dienst ist eine moderne Subsistenzwirtschaft, die zusätzlich von den Steuerzahlern subventioniert wird.

Die Kosten des Sozialstaats sind viel höher für diejenigen, die sie zu tragen haben, als der Nutzen für diejenigen, die (vermeintlich) von ihm profitieren.

Der Bismarcksche soziale Staat war das Vorspiel der nationalsozialistischen Volksgemeinschaft; der Adenauersche Sozialstaat sein Nachspiel. Das sozialnationalistisch-wohlfahrtsstaatliche Endspiel ist nur noch Konkursverschleppung.

Wohlfahrtsstaaten sind (Nach-) Kriegswirtschaften. Wer keine kommerzielle Gesellschaft will, der wird eine militärische bekommen.

Wer bezahlt eigentlich all die Dinge, die im Wohlfahrtsstaat scheinbar kostenlos sind und wie Manna vom Himmel fallen?

Die gegenwärtigen Generationen zehren nicht nur den Wohlstand vergangener, sondern auch den zukünftiger auf.

Im Wohlfahrtsstaat sind die privilegiert, die von Transferleistungen leben.

Die allgemeine Wohlfahrt ist kein Ideal, sondern eine Perversion, weil sie niemals ohne Wohlfahrtsausschüsse auskommt.

Der Wohlfahrtsstaat ist eine Verhöhnung der Menschenrechte.

Die selbst verschuldete Unmündigkeit, das ist der Wohlfahrtsstaat. Er ist die institutionalisierte Angst der Menschen.

*

Über Entwicklungshilfe

Diejenigen Länder, die Entwicklungshilfe verdienen, brauchen sie nicht und diejenigen, die sie brauchen, verdienen sie nicht, weil in diesen Ländern die Menschen, die Hilfe benötigen, sie nicht bekommen und die, die sie bekommen, nicht benötigen.

*

Über Sklaven und Söldner

Es gibt keine explizite formale Erklärung, dass wir alle (Staats-) Sklaven sind; aber alle gesetzlichen Regelungen zusammen genommen, laufen darauf hinaus: Als (militärische, fiskalische, politische) Verfügungsmasse sind wir verraten und verkauft.

Die Staaten haben es geschafft, den ehrbaren Beruf des Söldners zu diskreditieren und den des wehrpflichtigen Staatssklaven zu nobilitieren. Söldner kämpfen, im Gegensatz zu (patriotischen) Bürgern, nicht bis zum letzten. Die Aufstellung reiner Söldnerarmeen würde den Kriegen etwas von ihrer Härte nehmen.

Es gibt in den modernen Gesellschaften zwei grundsätzlich verschiedene Menschentypen: Die einen begreifen alles als eine Herausforderung, die anderen alles als eine Überforderung. Jene sind Söldner, die *wollen*, diese Sklaven, die *sollen*. Das Credo der Sklaven: Diene! Das Credo der Söldner: Diene nie!

Nur Sklaven verlangen Rechte, Söldner nehmen sich Freiheiten. Wenn man schon untergehen muss, dann nicht auf den Knien, nicht als Sklave, sondern als Söldner. Diese haben wenigstens ein Schicksal, Sklaven nicht.

Die moderne Sklavenhaltergesellschaft braucht Sklaven, die gerne Sklaven sind.

*

XII

Über Ökonomie

Nichts ist so notwendig, wie das Überflüssige. Deshalb werden die Gerechtigkeitsfanatiker und Puristen der Bescheidenheit auch niemals einsehen, dass es mit einer bloßen Verteilung des Reichtums nicht getan ist. Die Verteilung der damit zwangsläufig einher gehenden Armut ist kein Ausweg, weil damit nur die alte Scheiße wieder von vorne begänne (Marx). Die Menschen werden sich nie nur mit dem Notwendigen bescheiden; lieber sterben sie. Deshalb ist es für sie nicht notwendig nur zu leben, sondern gut zu leben (Ortega y Gasset).

Es ist kein Frevel, Nutzloses zu tun; aber, es unter die Protektion der Nützlichkeit zu stellen.

Seitdem die Ökonomie der Willkür des Politischen ausgesetzt und damit erst zur Politischen Ökonomie wurde, lässt sich über sie nichts Verlässliches mehr sagen, außer, dass sie in den Ruin führen wird. Was ist Politik anderes als Politische Ökonomie, d.h. erzwungene Umverteilung von Eigentum?

Die Ökonomie verachten, kann man sich nur in einer Gesellschaft leisten, die auf Ökonomie basiert. Man verachtet dann die Voraussetzungen des eigenen Wohlergehens.

Ökonomie ist die anspruchvollste Sozialwissenschaft – und deshalb verpönt.

Jede vernünftige Vernunft muss ökonomisch sein. Eine andere als eine ökonomische Vernunft gibt es nicht.

Hass auf die Ökonomie ist Realitätsverweigerung.

Die Wünsche und Begierden der Menschen sind so (un-) begrenzt wie ihre Phantasie. Aber leider ist die Befriedigung eines Wunsches sein Tod.

Geld mache nicht glücklich, gilt nur für diejenigen, die damit nichts anfangen können, weil sie nicht wissen was sie wollen. Manche können mit ein paar Kröten mehr anfangen als andere mit Millionen.

Das sicherste Mittel für ewigen Krieg ist die Abschaffung des Geldes.

Protektionismus und Zölle sind die Vorstufe zum Krieg.

Jede Prohibition verschärft das Problem, das sie lösen soll.

*

Über Armut, Reichtum und Umverteilung

Auch der Arme ist in einer offenen Gesellschaft viel freier (und meistens auch reicher) als ein Reicher in einer geschlossenen Gesellschaft.

Reichtum schändet nicht, Reichtum adelt.

Reichsein heißt unabhängig sein. Deshalb werden die Reichen gehasst und beneidet.

„Eat the rich!" – so konnte man seinerzeit an einer Mauer lesen. Da konnte sich einer in seiner Gier nicht beherrschen. Die so unterwegs sind, das sind die wahren Heuschrecken. Wer heute die Reichen frisst, wird morgen Hunger leiden.

Nicht nur in Despotien, auch in Demokratien ist es gefährlich, reich ohne mächtig zu sein.

Die Armen und die Dummen profitieren unendlich viel mehr von den Reichen und Gescheiten als umgekehrt.

Implizit zehren alle Ideologien der Umverteilung von dem asketischen und elenden Ideal des Existenzminimums. Umverteilung kennt nur einen Weg: Immer in Richtung Armut. Wer also anfängt, Reichtum umzuverteilen, wird letztlich nur Armut und Elend verteilen.

Die Ungerechtigkeit der Umverteilung besteht nicht in falschen Verteilungen, sondern darin, dass überhaupt umverteilt wird.

*

Über Kapitalismus

Der vollendete Kapitalismus ist die vollendete *freie* Assoziation. Der freie Unternehmer ist der Vorschein des künftigen Menschen.

Nur im Kapitalismus ist der Mensch ein Mensch; alle anderen sozialen Systeme sind Durchlauferhitzer, in denen er gekocht wird.

Auch 150 Jahre nach dem Kommunistischen Manifest leidet der Kapitalismus nicht an seinen inneren Widersprüchen, sondern am Staat – und an Kapitalisten, die mit ihm paktieren.

Das Schlimmste, was ein Kapitalist tun kann ist, politische Parteien zu unterstützen und mit ihnen zu kooperieren, statt sie zu bekämpfen. Für große Teile der Bevölkerung hat der Sozialismus wohl deshalb eine gewisse Plausibilität, weil es zu viele Kapitalisten gibt, die den Kapitalismus diskreditieren, in dem sie mit dem Staat gemeinsame Sache machen. Dadurch entsteht leider allzu oft der Eindruck von eineiigen Zwillingen.

Kapitalismus ist die wahrscheinlich selbstloseste Form dem eigenen Ego zu dienen. Wer nur an sich denkt, dient allen Anderen am besten. Die Kapitalisten sind die größten Wohltäter der Menschheit. Sie dienen sie nur ihren Kunden.

Der Einwand gegen den Kapitalismus, die absolute Freiheit des Tausches habe es nie gegebenen, ist in Wirklichkeit kein Einwand, sondern ein Skandal.

Nicht Wenige beklagen, dass im Kapitalismus (fast) alles einen Preis hat, alles für Geld zu kaufen ist. Sie vergessen allerdings, dass diese Dinge in anderen Gesellschaften überhaupt nicht zu haben sind.

Die Kritik am Kapitalismus kommt immer von Leuten, die meinen, den anderen Menschen gehe es sowieso viel zu gut.

Den Kritikern des Kapitalismus: Eine Aktiengesellschaft ist allemal friedfertiger als eine Volksgemeinschaft, ein Hedge-Fond harmloser als Nationale Volksbefreiungsarmeen.

*

Über den Markt

Die Gegner des freien Handels sind sowieso gegen das freie Handeln.

Wer den Markt ablehnt, lehnt die Freiheit der Menschen ab, über ihr Schicksal selbst zu entscheiden.

Der Markt ist wie ein labiles und sensibles Ökosystem: Jeder Eingriff ruiniert ihn, weil es die Preise verzerrt. Was man dem einen billiger zukommen lässt, muss ein Anderer (vielleicht sogar er selbst) an anderer Stelle teuer bezahlen.

Die einzigen Märkte, die per se nicht funktionieren, sind die politischen.

Die Ehrlichkeit und die Grandiosität des Marktes bestehen darin, dass auf ihm die Menschen aus Eigennutz die Bedürfnisse Anderer befriedigen.

Wenn es einen Fortschritt gibt, dann ist es die Verlagerung des Wettbewerbs gewalttätiger und politischer Kollektive auf den ökonomischen Wettbewerb nicht gewalttätiger Individuen. Politik ist so besehen ein archaisches Relikt in der modernen Gesellschaft, welches deren relative Friedfertigkeit ständig aufs Spiel setzt und unterminiert.

Die modernen Gesellschaften sind nicht nur überreguliert. Jede Regulierung ist über.

Eine Planwirtschaft – wie etwa die „soziale Marktwirtschaft" – ist technokratischer Machbarkeitswahn.

Soziale Marktwirtschaft: Wasch mich, aber mach mich nicht nass.

Auf dem freien Markt gibt es unendlich viele Alternativen; zu ihm keine einzige.

*

Über Wachstum und Fortschritt

Grenzen des Wachstums gibt es nur bei den Schulden.

Das einzige, was bei den Feinden des Fortschritts wachsen darf, sind die Sozialleistungen und Subventionen.

*

Über Arbeit

Es ist anachronistisch, sich mit seiner Arbeit zu sehr zu identifizieren und sich auf sein Wissen und Können etwas einzubilden. Sie sind schon morgen nichts mehr wert.

Wenn die marxistische Theorie stimmte, stünde den Druckern eines Buches der gesamte Ertrag zu, weil der Autor „kein Gran Arbeit" beigesteuert hat.

Die Produktiven und Kreativen können ohne die Unproduktiven leben, aber die Unproduktiven nicht ohne die Produktiven und Kreativen. Um diesen Zusammenhang zu verwischen, gibt es Staat und Politik.

*

Über Steuern und Korruption

Steuerhinterziehung ist kein Kavaliersdelikt – es ist überhaupt kein Delikt, sondern Notwehr.

Korruption ist kein Übel, sondern eine Notwendigkeit in der verwalteten Welt, um sich von staatlichen Erpressungen frei zu kaufen.

Korruption ist *nicht in jedem Fall* etwas Gutes.

*